人类密码

# 史前世界什么样
## SHI QIAN SHI JIE SHEN ME YANG

钱佳欣 / 编 著

中国大百科全书出版社

**图书在版编目（CIP）数据**

史前世界什么样 / 钱佳欣编著.—北京：中国大百科全书出版社，2016.1
（探索发现之门）
ISBN 978-7-5000-9815-7

Ⅰ.①史… Ⅱ.①钱… Ⅲ.①世界史－上古史—青少年读物 Ⅳ.①K11-49

中国版本图书馆CIP数据核字（2016）第 024443 号

责任编辑：徐君慧　韩小群
封面设计：大华文苑

出版发行：中国大百科全书出版社
（地址：北京阜成门北大街 17 号　邮政编码：100037　电话：010-88390718）
网址：http://www.ecph.com.cn
印刷：青岛乐喜力科技发展有限公司
开本：710 毫米×1000 毫米　1/16　印张：13　字数：200 千字
2016 年 1 月第 1 版　2019 年 1 月第 2 次印刷
书号：ISBN 978-7-5000-9815-7
定价：52.00 元

# 前 言

　　人类是地球上最具智慧的生命。我们要认清整个自然世界，因为自然是我们生存的摇篮；而我们更应认清自己，因为人类是地球的主人，是万物之灵，是自然发展的生物的高级阶段。

　　生命现象是我们最关心的，因为它是关乎人类能否生存的问题。千百年来，人们总是在问我们从哪儿来、怎样发展等问题。作为人类，如果我们不能解释清楚自身的起源与存在，那么就会永远处于混沌的蒙昧状态之中，就无法看清我们的生存与发展之路，当然也就谈不上真正意义上的生存质量与生命质量。

　　我们身体的各种组织和器官组成了人体，每一种组织、每一个器官都有不同的功能，其中还蕴藏着许多奥秘。但我们对自身的认识还远远不

够，还不能很透彻地认识自己，还存在许多难以破解的人体神秘现象。从认识人体自身开始，才能真正地认识人类和人类社会。

人类创造了悠久、灿烂的社会历史，时间长河将其许多华章慢慢湮没，斑驳的历史也给我们留下了许多未解之谜，特别是史前世界、玛雅文明、克里特文明、迈锡尼文明、苏美尔文明等的消失。这些问题的答案会给予我们很大的启示，使我们得以永续发展。

科技是人类社会前进的动力。科技的进步是循序渐进的、有一定的规律性。而已被发现的许多史前科技却大大超越了当时的生产力水平，就连现代科技也难以解释。是什么魔力使得史前科技如此高度发达呢？如果能破译史前科技之谜，寻找到神秘的创造力量，也许人类社会就能向更高的层次迈进。

人类社会创造了辉煌发达的物质文明，一处处的宝藏就是人类社会物质文明的库房，也是人类辛勤汗水的堆积。几千年的历史沙尘，封存了多少巨大宝藏呢？它们又被埋藏在什么地方呢？掌握宝藏的羊皮卷，叩开宝藏的芝麻门，这是很多人的梦想。发现宝藏，保护宝藏，让它造福于人类社会，这是我们的责任，也是我们的义务。

总之，人类社会的丰富多彩与无穷魅力就在于那许许多多的难解之谜，它吸引人们密切关注和不断探寻。我们总是不断地试着去认识它、探索它。虽然今天的科学技术发展日新月异，达到了很高的程度，但对于人类无穷的奥秘还是难以圆满解答。古今中外，许许多多的科学先驱不断奋斗，推进了科学技术的大发展，一个个奥秘不断被解开，但又发现了许多新的奥秘，又不得不向新的课题发起挑战。科学技术不断向前发展，人类探索的脚步永不止息，解决旧问题、探索新领域就是人类文明一步一步发展的足迹。

为了激励广大读者认识和探索人类社会的奥妙，普及科学知识，我们根据中外的最新研究成果，编写了本套丛书。本丛书主要包括生命密码、人体生理、史前文明、史前科技等内容，具有很强的系统性、科学性、前沿性和新奇性。

本套丛书知识全面、内容精练、语言简洁、通俗易懂、图文并茂，非常适合读者阅读和收藏。丛书的编写宗旨是使广大读者在趣味盎然地了解人类的神秘现象的同时，能够加深思考、启迪智慧、开阔视野、增长知识，正确了解和认识人类的奥秘，激发求知欲和探索精神，激起热爱科学和追求科学的热情，不断创造新的人类文明，推动人类历史向前发展。

# Contents 目录

史前文明现象

Shi Qian
Ren Lei Hua Shi
De Fa Xian

# 史前人类化石的发现

## 六千五百万年前的化石

在美国得克萨斯州的瑞拉克西河河床中发现有生活在6500万年前的恐龙的脚印，考古学家们吃惊地在恐龙脚印化石旁0.45米的地方，同时发现有12块人的脚印化石，甚至有一个人的脚印迭盖在一个三指恐龙脚印上。

把化石从中间切开，发现脚印下的截面有压缩的痕迹，这是仿制品无法做到的，显然不是假冒的。

另外在附近同一岩层还发现人的手指化石和一把人造铁锤，有一截手柄还紧紧留在铁锤的头上。这个铁锤的头部含有96.6%铁、0.74%硫和2.6%氯，这是一种非常奇异的合金。现在都不可能造出这种氯和铁化合的金属

来。一截残留的手柄已经变成煤，要想在短时间内变成煤，整个地层要有相当的压力，还要产生一定的热量才行。如果锤子是掉在石缝中的，由于压力和温度不够，就不存在使手柄煤化的过程。

这说明岩层在变硬、固化的时候，锤子就在那儿了。发现人造工具的岩层和恐龙足迹所在岩层是一致的，而其他岩层都没有恐龙足印和人造工具。这说明人类和恐龙的确曾生活在同一时代。

## 发现不同年代的化石

1913年，德国科学家在坦桑尼亚峡谷发现一具完整的现代人类骨骼，它处在约100万年前的地层中。西班牙古生物学家在西班牙北部布尔戈斯省阿塔普埃卡山区，发现了30万年前的史前人类骨盆化石、股骨以及一些石制工具。1965年，考古学家在肯尼亚发现一件经鉴定为400万年前的人类上臂肱骨化石。美国加州大学的教授称，此肱骨和现代人的肱骨几乎没有任何差别。

> **史前世界名片**
>
> 名称：史前人类化石
> 类别：史前人类
> 时间：6500年前、1000万年前、400万年前等
> 发现地点：美国、中国、坦桑尼亚、肯尼亚
> 发现时间：20～21世纪

　　1972年，在肯尼亚的一个湖中发现的大腿骨化石和现代人类形态十分相似，其年代是在200万年前。

　　1976年，考古学家在坦桑尼亚北部、东非大裂谷东线，一个叫利特里的地方发现了一组和现代人特征十分类似的脚印，这些脚印印在火山灰沉积岩上，据放射性测定，那火山灰沉积岩有340万年～380万年的历史。脚印共两串，平行紧挨着分布，延伸了约27米。

　　从这些足迹可以明显地看出，其软组织解剖特征明显不同于猿类。重力从脚后跟传导，通过脚的足弓外侧、拇指，最后传导到大脚拇指，大脚拇指是向前伸直的；而猩猩及南方古猿直立行走时，重力从脚后跟传导，但通过脚的外侧传导至脚中指，并且大脚拇指向侧面伸出。

## 发现史前小巨人

2010年9月7日，中科院地球环境研究所研究人员发现一具身高为1.93米的人类骨骼遗存，这是目前发现的史前人类化石中个体最完整也是身高最高的。这具史前个子最高的人类化石是由中科院地球环境研究所祝一志研究员、陕西省考古研究所杨亚长教授共同在陕西省商南县过风楼遗址发现的。

形态学研究表明，该人骨为男性，年龄16~18岁，体质特征与现代南亚蒙古人种最为接近。研究人员对这一人类骨骼进行了详细的研究，结果显示该古人类生活在4200年前龙山文化时期，与周边出土陶器的时代可以进行良好对比。这具龙山文化晚期的"小巨人"遗骸的发现，无疑为我国

上图：古生物学家发现的史前世界
　　　人类骨骼。

左图：古生物学家发现的史前世界
　　　古生物骨骼。

史前人类的体质人类学研究提供了宝贵的材料。

据祝一志研究员介绍，目前还有一些疑问不得其解：

其一，由于从"小巨人"遗骸上看不出生理性病变的任何迹象，因此像小巨人这种身高是否属于正常？抑或是一种病理现象？

其二，小巨人年纪尚轻，但其死因尚不清楚。

其三，小巨人头骨右侧顶骨上有3个钻孔，显然是有意为之，但是当时钻孔的真正用意是什么？他们推测当时的医生已经能够进行头部手术治疗。

## 宜兴首次发现史前骨化石

2010年，在江苏省宜兴竹海深处，一个巨大的地下溶洞正在得到发掘。截至12月19日，溶洞平行发掘延伸长度超过200米，并出现与主洞相连的5个侧向旁支洞穴。在溶洞清淤和掘进过程中，首次发现史前骨化石，以及史前人类生命活动痕迹，江苏省有关地质专家初步认为洞顶岩石的形成起码已有3亿年，从溶洞平整度和延伸长度分析，国内地下溶洞罕见其例。

施工人员在距洞口约150米处的一个支洞洞口处，发现了20多块骨化石，它们看上去像头盖骨、牙齿、四肢骨等。这些骨化石，外表大多呈白色；四肢骨看上去特别粗壮；牙齿表面洁白光滑，每粒牙齿宽约4.5厘米、高约2厘米。

景区管理处方面请无锡市考古研究所专家进行了实地考证，考古人员初步判断它们至少是1000万年以前的动物或人类化石，如果古洞里发现的骨化石属于大型远古动物，说明当时的溶洞空间很大。因为在几万年前的旧石器时代，人类使用的是石器，很难在野外把猎获的大型动物分割，有些动物是活着弄进古洞的。这一切都属于推测，这些远古骨化石的来源是否有其他原因，要等到进一步发掘后才能定论。

# 出土的
# 巨人和矮人骨骼

## 有关出土巨人的记载

1876年和1912年，在美国的北卡罗来纳和威斯康星两地先后发现了数十具身高达2.6米的骷髅。

1895年，一些矿工在美国加利福尼亚发现了一具远古的男干尸，身高达2.4米。

1898年，美国哈佛大学的古生物学家在同一地区发现了一具身高2.5米的女性骷髅。

1930年，在墨西哥北部还发现了一个远古墓地，那里有数百个墓葬，死者平均身高2.6米。

　　而1970年在中非发现的一片已有20000年历史的古墓地里，有70具身高达2.85米的男性骷髅。美洲大陆也不乏这种令人惊异的发现，尽管大家都知道，原属蒙古种族的美洲印第安人平均身高只有1.6米。

　　1978年，在比利时的佛兰德发现了两具30000年前的人体骷髅，一具为女性，身高2.38米；另一具是男性，身高2.5米。

　　1982年，一个考古学家小组在苏联境内发现了一具3000年前的女性骷髅，这具骷髅如今陈列在圣彼得堡的一家博物馆里，其身高竟达2.7米。这样高大的人，并且如此之多，地球上的人是很难达到的。

　　1983年春，在德国的威斯特巴伐利亚州泽斯特市附近的一个大片墓地里，发现了大约2000具骷髅，平均身高为2.3米，还发现了一位军事统帅的墓葬，他的身高竟达3米。

## 发现身材矮小的人

　　在世界的其他一些地方，同时

### 史前世界名片

名　称：巨人和矮人骨骼

类　别：史前人类

时　间：3000年前～20000万年前等

发现地点：美洲、非洲、欧洲等

发现时间：19～20世纪

又发现了一些身材非常矮小的人。1976年10月，墨西哥《至上月刊》杂志报道了罗密欧·瓦伦西在墨西哥首都附近的采石场发现了一具类人科动物骸髅。

这具前所未见的奇特骸髅身材比较矮小，脊柱上没有肋骨，肩胛骨平整，背部十分突出，还有一些似乎是上臂的骨节。所有的骨头中心都有小孔，里面原先可能有血管和神经系统。颅腔为圆形，但没有眼眶，与狗的颅骨相似，只有一种骨管。

墨西哥城人类学博物馆馆长拒绝透露详情，也不愿下最后的断言。但法国和美国的专家们认为它不是地球上的生物，这大概又是某外星人种。

## 巨人岛之谜

在太平洋的一个遥远群岛中，有一个神秘的岛屿名叫马提尼克岛，岛上有个非常奇怪的现象，不仅当地居民们一个个身材高大，就是到岛上定居的外地人，哪怕是成年人，也会毫无例外地长高几厘米。

有一位记者游览了该岛后这样描述：来到这里，好像进入了童话世界，男人们高两米多，10多岁的男孩都比岛外的普通成年人高，我在他们眼里，好像是从小人国来的。人们都围着我用惊奇的眼光向下看，好像我是立在地上的一个小人。

　　为什么岛上会有这种奇怪的现象？一些科学家认为，是由于这个海岛的地下埋藏着大量的放射性矿物。这种放射性物质能使人体内部机能发生某种特别的变化，从而使人身体增高。

　　一些科学家又发表了新的观点。他们认为，这里地心引力小是使人长高的原因。因为，苏联两名宇航员在"礼炮" 2号联盟号轨道复合体居留半年之后，每人身高都增加了3厘米，就是失重和引力小的结果。遗憾的是这两种理论都没有足够的证据让人折服。

　　这个难解的自然之谜似乎是摆在人类面前的一个难题等待着我们去进一步地解答。如果放射性物质作用于人体会使人长高，为什么长年生活和工作在放射性物质旁边的人不见长高，如果引力小能使人长高，为什么地球上引力小的地方却没有形成第二个巨人国？

右图：古生物学家发现的史前世界
　　　巨人骨骼。

| 一亿多年前的
蜘蛛化石

## 侏罗纪大蜘蛛

　　2011年，美国古生物学家在中国内蒙古境内发现了迄今最大型的史前蜘蛛化石。据古生物学家介绍，这一史前蜘蛛化石保存极为完好，蜘蛛大约生活于1.65亿年前的侏罗纪时代，当时正是恐龙主宰地球的年代。

　　目前，专家已经识别出这只蜘蛛的确切属类，甚至还可以辨别出这是一只成年雌性蜘蛛。研究人员已经将这种大金蛛命名为"侏罗纪蜘蛛"，这也是迄今发现的最大型史前蜘蛛化石。这只蜘蛛与现代的蜘蛛后裔体形大小相当，身体长0.025米、宽约0.0125米。它生活于我国北方的森林中，当时当地的气候比现在要温暖得多。

## 史前世界名片

名称：史前蜘蛛、海蜘蛛
类别：史前动物
时间：1.65亿年前、4.25亿
　　　年前
发现地点：中国、英国
发现时间：2011年、2004年

## 跨越年代最长的蜘蛛

大金蛛是一种巨型蜘蛛，目前还生活于地球上。这一发现意味着大金蛛应该是人类已知跨越最长年代的蜘蛛种类。

雌性大金蛛是如今存在于地球上的最大型织网蜘蛛，身长可达0.05米，腿部跨度可达0.015米。雄性的体形则相对较小。这种热带或亚热带地区的居民，它们中的雌性可以织出与众不同的蛛网，蛛网宽度可达1.5米，蛛丝呈金黄色，在阳光下像黄金一样闪闪发光。

一位美国教授发表了最新发现成果报告，报告称，这种已知最大型蜘蛛化石是形成于侏罗纪中期的美国境内，这是一只雌性蜘蛛。

古生物学家通过对这只蜘蛛进行微观检验发现，蜘蛛腿部末端像刷子一样的长毛都清晰可见，这些都是大金蛛的显著特征。

### 蜘蛛化石形成始末

这一蜘蛛化石挖掘于中国内蒙古自治区内一个叫道虎沟的地区，那里有许多史前动物的化石，如火蜥蜴、小型原始哺乳动物、昆虫和水生甲壳类动物等。

在侏罗纪时期，这个化石层位于一个火山区的湖泊中。这一时期的蜘蛛化石非常罕见，因为蜘蛛类节肢动物脆弱的身体在地质变迁过程中极易被破坏。这只史前蜘蛛化石的形成过程极有可能是这样的：在一次火山喷发过程中，蜘蛛的身体瞬间被火山灰掩埋。因此，它才不会腐烂，从而保存完好至今。

美国教授认为，这一发现表明，大金蛛肯定拥有一个异常古老的血统。大金蛛可以织出一种异常结实的高蛋白蛛网，因为它们就是依靠这种蛛网来捕食蛾类或昆虫的。

### 4亿年前海蜘蛛化石

2004年，英国研究人员在英联邦赫里福郡附近进行考古研究时，在地质年代为志留纪的火山灰岩层中，意外发现距今已有4.25亿年的海蜘蛛化石遗迹。

　　海蜘蛛是一种软体节肢动物，到目前为止在世界各地海域中仍有广泛分布。海蜘蛛在生物界里形态非常奇特，它有一个长长的鼻子和一个额外用来交配、孵卵的分支翼结构。由于这种生物肢体构造结构特殊，近两个世纪以来，科学界对海蜘蛛与陆地蜘蛛、蝎子等昆虫之间是否有直接生物进化关联，一直争论不休。从以往发现的化石记录来看，这些物种的生理构造精细、自然肢体结构脆弱，很难看出之间的进化关联信息。

　　美国耶鲁大学生态学院的地质学及地球物理学教授德里克·布里基斯称：此次找到的化石应该是迄今为止所发现年代最早的远古成年海蜘蛛化石样本，其中还完整保存着大量的极具科研价值的信息。在4亿年前的一

次火山爆发过程中，火山灰烬将当地的海洋生物包裹了起来，大量的远古生物就像被迅速装进混凝土浇筑模型中一样。由于火山灰中的空穴部分后来被碳酸盐物质填充密封，这才使得其中的生物被完好保存至今。

| 藏在琥珀中
的动物

## 最古老的立体毛发标本

　　古生物学家在一个有一亿年历史的琥珀中发现了哺乳动物的毛发。由于琥珀中这些毛发被完整地保存下来，在显微镜下，毛发内部结构清晰可见。尽管此前曾发现过更古老的平面古生物毛发化石，但是，这一发现是已知的最古老的立体毛发标本。

　　这一琥珀是2010年在法国南部夏朗德省发现的，科学家在琥珀中还发现了苍蝇的蛹。保存在琥珀中的哺乳动物毛发同今天的哺乳动物毛发非常相似。这表明，哺乳动物的毛发结构和形状在很长的时间段内并未发生过改变。一位科学家说：'我们发现的最早的平面毛发印记是在侏罗纪中期。"是他发现了这些保存在琥珀中的哺乳动物毛发。侏罗纪从2亿年前至1.45亿年前，随后是白垩纪，白垩纪一直持续至6500万年前。

　　这位科学家说："我们的标本是已知最古老的哺乳动物毛发标本，我

们可以通过它来研究古生物毛发的表皮结构。"科研人员将这一发现发表在一本杂志上。

科研人员研究发现，其中一个毛发片段0.0024米长，0.000032~0.000048米粗；而另一个毛发片段长0.0006米，0.000049~0.000078米粗。通过对这些毛发的仔细分析，科学家发现它们的表皮结构同今天的哺乳动物毛发的表皮结构非常相似。

科学家认为，拥有这种毛发的哺乳动物应该只有老鼠大小，因为在一亿年前的白垩纪中期，哺乳动物形体都很小，其种类并不十分多样化。不过这种动物的身份无法确定。它可能是一种普通哺乳动物或有袋类哺乳动物。后者的胚胎会在保育袋内发育，比如今天的袋鼠就是此类动物。在发现琥珀的地层上部还发现了一种史前有袋类动物的4颗牙齿，科学家说："一种假设是这些毛发属于这种有袋类动物或者和它相近的物种。"

这些毛发是如何被保存在琥珀中，科研人员提出了三种可能性。一种是，这一琥珀包裹住一只史前哺乳动物尸体的一部分，琥珀中还有苍蝇蛹能够支持这一观点；或许是苍蝇在这只动物死尸上产下了卵，或者是一

种树生动物物种被树脂沾下毛发，并保存起来；还有可能是，这种史前哺乳动物来吃昆虫，结果毛发被粘在树脂上，并封存至今。

科学家说，发现琥珀的地方一亿年前的气候是亚热带气候，当时到处是针叶树林，树脂经常会从树上掉下来，包裹住一些动植物，经过岁月的洗礼最终变成琥珀。

## 一亿年前的琥珀苍蝇

2009年，科学家在缅甸胡康河谷的一座矿山中发现一块大约9700万年至1.1亿年前的琥珀，其中包裹着一只长相奇特的远古苍蝇。它的头上长有1个角并且生有5只眼睛，其中有一对巨大的复眼，与今天的很多昆虫类似。研究人员表示，当时胶黏的树液滴落到这只苍蝇身上，使其生动逼真的细节特征得以保存而后逐渐硬化。

这种新发现的物种能够让科学家更好地了解古代生态系统以及动物居民的细节。

这种苍蝇被称为独角蝇，其他一些怪异特征包括S形节状触角、异乎寻常的长腿以及退化的颚。长腿可帮助它们在花朵上爬行，退化的颚则导致它们只能啃咬非常小的食物颗粒。在独角蝇腿上发现的花粉粒说明这种昆虫主要以花朵为食。

在恐龙仍旧生存的时代，独角蝇的这种怪异可能有其合理的一面。研究人员说："那是一个白垩纪初期即将结束的时代，当时大量进化适应正在上演。角和多只眼睛一定让这种昆虫在非常微小的花朵上获得一种优势，但随着体积更大的花出现，这种优势不复存在，它们也因此走向灭绝。独角蝇是白垩纪时期的古怪动物之一，它们显然在进化道路上走进了死胡同。"

## 四千万年前的琥珀里的盲蜘蛛

2008年，在英国肯特郡，一名业余动物化石收集爱好者——37岁的科林伍德在一块琥珀中意外发现了一只非常罕见的史前盲蜘蛛，距今至少已有4000万年历史。他是在一块两英镑硬币大小的琥珀中看到这只蜘蛛的，并马上意识到这个发现不同寻常。随后他就通知了英国自然历史博物馆。

博物馆化石专家安德鲁·罗斯说，这个发现非常惊人。英国自然历史博物馆保存着5000多块琥珀，其中很多都有昆虫包裹在里面。科林伍德把这块琥珀捐赠给该博物馆以对其具体年代进行精确鉴定。对了解人类从未见过的远古世界至关重要的一个原因，是大部分化石都是2D结构，而琥珀是3D结构，即使是动物最细小的刚毛也能清楚看到。

发现的最罕见的一个琥珀，里面是一整枝花。琥珀及其内含物不仅漂亮，而且对研究过去的生命至关重要，是通向过去的一扇窗户。琥珀为科学家和公众提供了一些线索，令他们能够更好地了解人类出现的早期世界，及其之前的世界。

上亿年前困在琥珀中的蜻蜓

# 石头里
# 的青蛙之谜

## 惊人的"煤中之蛙"

　　1733年5月，建筑师约翰·格罗贝里去瑞典万林格博的采石场视察时，两名工人告诉他一个令人吃惊的消息。在开采位于地下3米多深的大块砂岩时，其中一个工人发现在刚刚砸开的一块大石头中有一只大青蛙。

　　格罗贝里跟着他们下到了采石场，眼前的景象令他大为震惊。

　　最靠近青蛙身体的岩石有一部分非常疏松并且是多孔的，已被敲击的力量震破，印在上面的青蛙的身体轮廓也被毁坏了。那只青蛙处于昏睡状态，嘴巴上有一层黄色的薄膜。建筑师对神秘青蛙研究了一段时间后，因不耐烦而中断了研究，而那个采石工用铁铲把青蛙打死了。

　　下午，格罗贝里把这只青蛙的尸体带给斯德哥尔摩的一些学者进行研究。后来这一发现被登在了《学会会刊》上，并且还激发了洞中青蛙版画

## 史前世界名片

名称：煤中青蛙
类别：史前动物
时间：1亿年前等
发现地点：瑞典、英国等
发现时间：1733年、1862年、
　　　　　1770年等

的产生，画中呈现了发现青蛙的采石场景象。

后来，格罗贝里先生关于青蛙的文章被翻译成德语、荷兰语、法语和拉丁语，引起了欧洲学者们对掩埋着的蟾蜍和青蛙的极大兴趣。事实上，在这之前就已有类似发现了。

### 书中记载的案例

罗伯特·波尔蒂教授是牛津大学阿什莫尔博物馆的第一个负责人，他在《斯坦福自然史》一文中阐述了"洞中蟾蜍"的案例，这种现象在不列颠群岛已被广泛知晓。其中一个是关于路中间给路人歇脚的大型石灰岩，人们一直对从石头里发出的叫声感到疑惑，最后决定把它破开。

波尔蒂教授说："在敲开的石头中发现了一只和人的拳头一般大小的蟾蜍，它像是被困多年，现在才被释放到大空间里成长一样，行

动起来富有生机。"

另外，书中记载了另一个更令人震惊的信息，教堂塔顶的一石头掉下来砸碎后，一只活生生的蟾蜍跳了出来，但这只蟾蜍在呼吸到空气后就死了。

## 很多类似的事件

1862年秋天，万国博览会在伦敦克伦威尔路开幕。一个展区陈列着来自英格兰和威尔士矿区的地矿标本，其中有一块从昆提勒瑞煤矿开采来的大煤块。

当这个大煤块被劈成两半时，人们发现里面有一只活青蛙。参观者们都丢下那些地质标本，来看这只来自威尔士的"煤中之蛙"。1865年，《科学美国人》杂志上的一篇文章描述了一位名叫摩西·盖恩斯的银矿工人从一块直径为0.6米的石头中发现一只蟾蜍的经过。

文章写道："那只蟾蜍体长0.07米，长得很胖，它的眼睛约有一枚美分银币那么大，比我们日常所见的体型相仿的蟾蜍的眼睛要大很多，人们试着用小棍儿碰它，想让它蹦一下，可它却完全不予理睬。"

1876年，南非的《埃腾哈赫时报》报道了一些伐木工人的经历：他们在把一棵树锯成木板时，在树干的深处发现了一个洞，里面有68只小蟾蜍，每只的

个头和葡萄差不多。它们呈淡棕色，接近黄色，非常健康，若无其事地四处蹦来蹦去，包围着它们的则是结实的黄色木头。

## 生命的奇迹

1770年9月，法国勒兰希市堡垒的石墙里也发现了一只活蟾蜍，这引起了人们对掩埋的蟾蜍之谜的更大兴趣。

法国科学院的雷诺先生把石洞里的蟾蜍描述成是自然史上最令人迷惑的谜团之一，并敦促他的院士全力解决这个使自然学家困惑的谜团。

于是很多关于洞中蟾蜍的实验开始了。他们把一只蟾蜍放在一个用石膏或砂浆密封的花盆中，然后埋在花园里，过一段时间之后，把花盆挖出来放出蟾蜍，看看动物是否还活着。动物学家的实验表明即使蟾蜍在密封的花盆里待了20年，在打开花盆时它仍然可以充满活力地跳出来。

实验得出的结论是在没有食物和水的小洞里，蟾蜍能够长生不死。但是它们为何能生存下来还是个待解之谜。发现这些动物的人几乎一致表示，没有任何小洞、裂门或缝隙能让它们进入这些事物内部的囊穴。

并且，洞穴的大小总是刚好能容纳身处其中的动物，有些洞穴壁上甚至还留有该动物的印痕，就像这些事物是浇铸在它们身上的一样。

人们对这种不可思议的现象难以解释。它们靠什么存活？在石穴里如何活动？地质学家说石块在数千年前就已经形成，那它们该有多少岁了？许多类似这样的问题仍有待解答。

能长眠上亿
年的神奇动
物——蟾蜍

# 已经灭绝的
# 史前动物

## 生物进化

  生物的进化是一个很复杂的过程，无不是经历了由简单到复杂、由水生到陆生、由低等到高等这样一个漫长的演化过程。但是这个进化过程并不是一帆风顺、直线上升的，而是曲折地以螺旋式上升的，它的每个循环在生物史上都是一次飞跃。

  在漫长的历史长河中，所有的动物都会随时间的改变而发生变化，而这种变化是一个非常缓慢而渐进的过程，这在生物学上就叫作进化。

　　而今，许多动物都不复存在了，因为它们的后代在自然条件的影响下经常发生变异，适应自然条件的动物可以生存、发展，而不适于自然条件的动物则被淘汰，这种适者生存的过程就叫作自然选择。那些被淘汰的动物的遗体在大自然环境的作用下，以石头的形式保存下来，就形成了化石。现在，化石成了科学家研究古生物的主要依据。

## 进化过程

　　地球上最初的动物都是生活在海洋里的原生动物。到距今6亿年前才出现水母、珊瑚和蠕虫等软体动物。又经过无数年的进化，海洋中才出现鱼类。

　　大约距今3.6亿年前，两栖动物才首次登上陆地，进而有了爬行动物。又过了约一亿年，恐龙才出现，地球上呈现出最繁荣的景象。至第三纪时，地球上的物种丰富起来，跟现代的物种差不多。到了第四纪时，原始人类出现了，他们聪明能干，不仅会用语言交流思想感情，还会使用和制造工具。

　　地球的历史至少有46亿年了，而人类的历史只是其中的一小段，在人类出现以前的那段时间即史前时期，地球上有些什么动物呢？为什么曾一

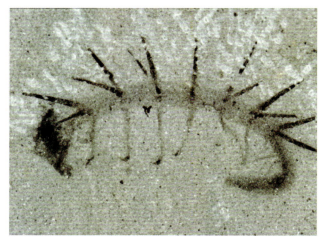

度称霸海洋的三叶虫会突然销声匿迹？为什么曾称霸陆地的恐龙也会突然灭绝？这都是未解之谜。

## 怪诞虫化石

怪诞虫与欧巴宾海蝎一样，生活于大约5.3亿年前的海洋之中，最早发现于加拿大，是寒武纪最著名的动物。怪诞虫属于叶足动物门，头很大，躯干背侧具有7对斜向上生长的强壮的长刺。

由于其长相怪异，以至于科学家们都无法确定它们究竟哪一端是头哪一端是尾。它们长有7对脊骨，体形像虫子，身体顶部有7根带叉的触角。长有球状物的一端看起来像是头部，但没有发现眼睛和嘴巴。身体另一端长有一

上图：生活于5亿多年前的怪诞虫化石。

下图：生活于寒武纪时期的三叶虫化石。

根长长的管子并卷曲于背部之上，可能就是嘴巴或肛门。

## 大陆鲨化石

　　大陆鲨化石最早出现在二叠纪早期，是生活于中等水深中的肉食性动物。大陆鲨的前齿形成一个螺旋，约有180多颗，每个单齿由根部上直立的三角形组成。

　　这个动物的牙齿和下颚是连接着的，有很多的牙齿，不断的更换牙齿。体长有3米至4.5米。

## 史前动物

　　三叶虫最初出现在寒武纪初期，当时居海洋的统治地位，但到了中生代已完全灭绝，现在我们只能看到它们的化石。三叶虫的样子奇特，身体分成头、胸、腹三部分。贝壳则有3

### 史前世界名片

名称：三叶虫

类别：史前动物

时间：5.2亿年前～2.4亿
　　　年前

分布：哥伦比来、中国等

发现时间：19世纪

个叶体，两叶位于纵向轴叶的每一侧，因此被称为"三叶虫"。

甲胄鱼是最古老的脊椎动物。它们生活在距今4亿多年到5亿多年的古生代时期。它们中的大多数身体前段都包着坚硬的骨质甲胄，形似鱼类，但没有成对的鳍，活动能力很差。

猛犸象生活在距今20万年到10000年前的第四纪冰川地区外缘的冻土苔原地带。它们是适应寒冷气候的动物，全身覆盖着暗褐色的毛。

始祖鸟生活在距今1.44亿年前，科学家从化石上看到始祖鸟有清晰的羽毛印痕，而且分为初级和次级飞羽，还有尾羽。它们的前肢进化成飞行的翅膀，后足有4个趾，3前1后，这些特征都与现代鸟类相似。

石爪兽。石爪兽生活在1200万年前，体形与现代马差不多，脚上有爪，形状像石块，所以叫它石爪兽。

## 惊现大型古生物化石

2011年11月15日，贵州省务川自治县大坪镇甘禾村鹿池头组村民田秋强在挖地基放炮时，炸开一个深约3米的大洞。

出于好奇，两村民用梯子下到溶洞中，只见该洞属于典型的喀斯特地貌，洞深约300米，到处是晶莹剔透的石头，像牙齿，但已明显石化，白得有点像瓷器。

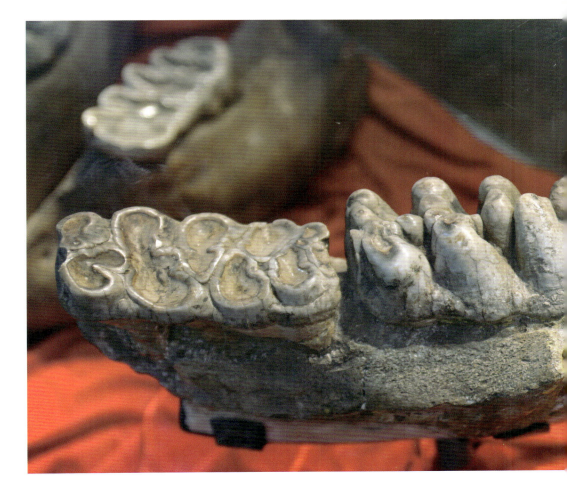

　　两村民在洞中继续寻找时，又发现一大块牙齿化石，这块化石都由成排的牙齿组成，化石长约20厘米、宽约10厘米、重约500克。他们还发现了一些头骨一样的东西和几块已钙化的小块古生物化石。

　　随后，这两名村民向务川自治县文物保护中心报告了此事。11月23日上午，县文物保护中心工作人员实地考察后，判断这些化石属于大型古生物化石。考察人员还从洞里找到了几枚牙齿、腓骨和一些骨头碎片。

　　目前，当地政府已对该溶洞进行了保护，等待上级专家对这些化石作进一步考证。

　　务川自治县是仡佬族聚居地，2004年贵州省考古专家在务川自治县发现了丰乐院子等史前文化遗址，估计遗址文化为旧石器晚期—新石器时期，距今10000年左右。该遗址的发现，填补了黔北地区史前人类活动的历史，这也说明在务川这片土地上，古人类早有活动。

## 体积惊人的史前巨蚁化石

　　古生物学家在美国怀俄明州发现"史前巨蚁"的化石，体型像蜂鸟一样大，推断约出现在5000万年前，应在地球较为温暖时，穿越陆桥，来回于北美及欧洲之间。

西蒙弗雷泽大学的研究人员表示，这是第一次有如此完整的史前巨蚁化石出土。他们认为，这个化石来自于怀俄明州一个很有名的考古地点——绿河组。当时他一眼就看出这个化石的不寻常之处，身长0.05米，除了体积惊人以外，也与曾在史前德国一带出没的巨蚁类似。而最令他们百思不得其解的就是，这史前巨蚁为何在大西洋的两端消失。

　　科学家表示，体型巨大的蚂蚁多在气候炎热的地方出没，而这史前巨蚁生活在"始新世"时期的初期，当时各大陆彼此间的距离较近，海平面也低，甚至可以穿越北极，从加拿大多伦多走到伦敦。

　　当时的北极不如今日如此寒冷，最冷月份的气温也不过8摄氏度左右，此温度不至于让蚂蚁冷死，因此研究人员推断，史前巨蚁应是在这段"跋涉"于两大陆之间，不过研究人员仍不确定史前巨蚁起源于欧洲还是北美。

| 古怪之城
未解之谜

## 两座古城先后被发现

在过去很长一段时间里，美索不达米亚被认为是世界上最早的城市发源地，是位于幼法拉底河和底格里斯河之间。4000年前，苏美尔人来到这里定居，并建设了吾珥、乌鲁克、伊里都、拉格西、尼普尔以及其他城市。然而，在20世纪50年代，《圣经》所记载的耶利哥古城被发掘出来，考古学家惊异地发现这是一座有着9000年历史的古城。此后，陆续又有其他史前城市出土。

1961年，英国考古学会安卡拉分会另一位考古学家梅拉特，在土耳其发掘到另一个远古城市，其年代为公元前6250年。就是说它也是有着将近9000年的历史，这个城市名为沙塔胡克，这是考古史上又一次重大发现，它震惊了世界考古界。

## 两座古城隐藏的众多谜团

　　这两座有着9000年历史的古城属于新石器时代，它们的相继发现，打乱了原来的历史，推翻了关于世界上最早的城市始于苏美尔人的观点。这两座远古城市遗址中出现的众多谜团，已引起人们的极大兴趣。其中沙塔胡克尤为重要。虽然到目前为止，这座城市的遗址只有部分出土，但它已经成了考古资料的丰硕宝库。

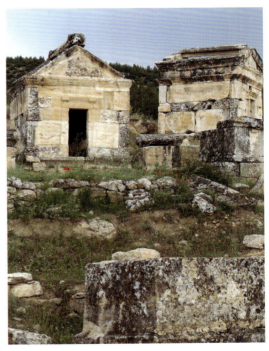

　　沙塔胡克古城遗址地处土耳其平原中央，海拔900余米，长达470米，由于只有一部分出土，由此很难计算出原城的大小。据专家推测，这个面积宽广、人口比较稠密的城市或许会有6000~10000人。

　　若与苏美尔人建造的那些占地数百亩、居民数万的城市相比，这些新石器时代的城市相对较小。然而建筑技巧却很独特，与以前出土的古代城市几乎完全不同，其城市布局、市民交往方式、城市交通等都为后人留下了千古之谜。

### 沙塔胡克城奇特的建设布局

几千年来，世界上所有的城市在城外都建有护城墙，城内建有街道，这也是最基本的城市布局。然而沙塔胡克城的面貌截然不同，既没有城墙，也没有街道，只有建造在一起的一堆房子，屋屋相连。唯一的进出口是房顶上方的开口。所有的房子都是平顶的，居民全靠平台式的房顶来往。房屋都是长方形，非常适合居民的需求。

这样的城市，有史以来在全世界所在城市中可以说是独一无二的，古代各国典籍中也都没有这样的记载。它的基本构思完全背离了人们常见的古代城市的观念，令人百思不得其解。

### 为什么要这样设计城市

有的考古学家认为这是由于当地缺乏石料，有人却认为是出于安全需要。因为一旦遇敌人来攻，居民只要把梯子拿开，敌军就难以进入。在沙

塔胡克城近千年的历史中，没有遭受过劫掠的痕迹，大概这种布局的设计起了很大的作用。

假如是这样，这种城市布局应该很快会被其他城市效仿，为什么没有其他任何类似的古代城市呢？这样怪异的城市究竟是哪一个民族建造的？如果是当地居民，那么这种城市布局为什么没有流传下来？如果是游牧民族，那么沙塔胡克城为什么会存在近百年之久？

考古学家测定沙塔胡克城的面积为206亩，而现已出土的仅为18亩。城市出土的起居室已有139间，考古学家鉴定其中40间为神殿或祭室。因为这些房子比别处大，与普通房屋区别很大，房内设计不同，比一般民房讲究，带有明显的祭祀意义。

从沙塔胡克城挖掘的家庭用品显示，城里的居民已开始追求生活所能带来的享受。在这里发现的无数日常用品，其品质之佳和手工之精细可以证明这里的城市生活已带有一定程度的奢华。

从文物中看出，当时的手工业相当繁荣，他们的木器和骨雕有着相当高的水平，石器工艺也达到新石器时代的高峰。从出土饰品中可以发现，当时的手工匠人所用的石材原料相当广泛，有木材、绿石、燧石、水晶、碧玉等很多矿物。

他们制造陶器、编织羊毛，在出土物品中有最古的衣物，保存完好，前所未见。在墓穴中埋藏的兵器和珠宝饰物、小雕饰和黑曜石造的镜子，

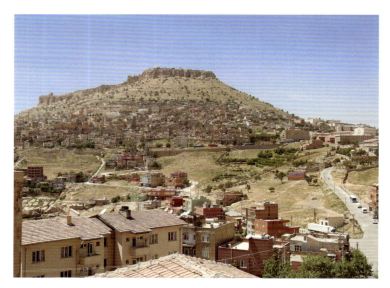

说明沙塔胡克的居民已会使用金属。

　　从现有的遗址中，发现有不少地中海产的贝壳，可以证明沙塔胡克曾与南面这些地区有过商业来往。

　　考古学家对这个城市和城市居民的生活知道得还很少很少。至于为什么这个城市到了公元前5400年被沙塔胡克人放弃使用，还有待于考古学家对那沉没地下的古迹进一步挖掘。

　　但这个城市的古老和怪异已引起了全世界的关注，相信在不久的将来科学家定会解开它的未解之谜。

# 底比斯
# 神奇在哪里

## 古都底比斯的神奇

底比斯建城于4000多年前，至公元前1555年进入鼎盛期。公元前663年亚述人入侵，城毁。后又经希腊人、罗马人的蹂躏，再加盗贼的挖掘和掠夺，珍贵文物被抢掠一空，仅剩若干搬不动的建筑物留在地上。从残存的柱、廊、碑、墙基和墓室也可以看出底比斯显赫的历史。

底比斯是古代埃及帝国的中王朝

### 史前世界名片

名称：底比斯
类别：史前城市
时间：4000年前
地点：埃及
兴盛期：1000多年

和新王朝的国都，历代帝王辛勤经营了1000多年。城跨尼罗河两岸，东岸是"生者的乐园"，是法老居住的地方，规模壮阔，号称"百门之城"，拥有100座城门，是当时世界最大城市。

城内布满豪华的王宫、阴森的神庙、大臣和奴隶主的府第、外国使节的宾馆、手工作坊、监狱、兵营、奴隶住的地洞、茅舍等。西岸是太阳沉落的地方——"死者的天堂"，历代帝王及其亲属、大臣葬于此，营建了连绵不绝的陵墓群，号称"国王谷"。

## 古城底比斯历史演变

底比斯是一座充满神奇色彩的古城，它的兴衰是整个古埃及兴衰的一个缩影。从公元前2134年左右，埃及第十一王朝法老孟苏好代布兴建底比斯作为都城，直至公元前27年，底比斯被一场大地震彻底摧毁时止，在2000多年的漫长岁月里，底比斯在古埃及的发展史上始终起着重要作用。

第十八王朝法老阿蒙霍特普四世大概看到了阿蒙神庙祭司们不断增加的财富所构成的威胁，决定推行宗教改革，底比斯从此衰落了20来年。

第二十一王朝以后，随着底比斯统治集团内部矛盾的不断加剧，加上爱琴海和小亚细亚一带的"海上民族"的不断入侵，新王国日益衰落，底比斯也开始了自己的厄运。

古埃及底比斯城遗址

公元前663年左右，入侵埃及的亚述军队再次火烧、洗劫了底比斯。公元前27年，一场地震又使底比斯城里仅存的一些纪念性建筑物瞬息之间倾塌无遗。至19世纪，只留下一堆废墟的底比斯，成了古墓盗劫者的乐园。在现今埃及的卢克索和卡纳克一带，人们还能见到底比斯遗址的一些断垣残壁。

至公元前2000年左右，虽然第十二王朝的开创者门内姆哈特一世曾把首都从底比斯迁到孟菲斯附近的李斯特，但在底比斯仍然为阿蒙神继续兴建纪念性建造物。

从公元前1790年至公元前1600年左右，王国遭到了外族喜克索斯人的入侵。喜克索斯人征服了大半个埃及，最后定都阿瓦利斯，建立了第十五王朝和第十六王朝。底比斯经历了第一次衰落。

而后，埃及人在阿赫摩斯一世的率领下，又在底比斯建立了第十七王朝，并在公元前1580年左右攻占了阿瓦利斯城，把喜克索斯人赶出了埃及，开创了古埃及新王国时代。

　　新王国时期的法老们再次选定底比斯作为埃及的宗教、政治中心。他们发动了一系列侵略战争，掠取了大量财富和战俘，并把底比斯建成当时世界上最显赫宏伟的都城。他们在东底比斯为阿蒙神和他们自己建起了一座座壮观的神庙和宫殿。

　　底比斯在埃及古王国时期，是一个并不出名也不是很大的商道中心。通往西奈半岛和彭特的水路，通往努比亚的陆路，都要经过底比斯。底比斯的兴盛是跟阿蒙神联系在一起的。法老孟苏好代布把首都定在底比斯后，又将阿蒙神奉为"诸神之王"，成了全埃及最高的神，从此开始在底

上图：埃及卢克索神庙遗址

左图：埃及卢克索遗址公羊头雕塑

底比斯城著名的卢克索神庙

比斯为阿蒙神大兴土木。底比斯在古埃及历史上的重要地位就这样被奠定了下来。

## 建在遗址上的卢克索

底比斯在尼罗河中游，北距开罗700千米，南距阿斯旺200千米，有铁路相连。在遗址南半部建了一座小小的城市卢克索，仅有人口40000人，它完全是为了底比斯的游览业而兴建的。

入夜，不断变换的各色灯光射向古址，将断廊巨柱烘托得更加雄伟瑰丽。走入古殿，各种声响频频入耳，模拟得十分逼真，再加形象生动的解说，使人朦朦胧胧，犹如时间倒退了几千年。

## 世界现存最大的神庙

自卢克索市北上，约10000米到达卡纳克神庙。它是底比斯城遗址上保存最完整、规模最大的建筑群，经历代帝王持续营建500多年而成。

全庙由3座大殿组成，占地33.57万平方米。一条平坦大道直通庙门，路两侧整齐排列着几十尊狮身羊头石像。第二殿和第三殿之间以柱廊相连，那就是埃及电影经常出现的举世瞩目的柱厅。134根圆柱耸入云天，各高14~24米。中间最大的12根柱，需5人合抱，遍体精美浮雕。每根柱顶的花瓣盘能站立100人。相传这个连柱厅是拉美西斯一世在公元前1320年

建造的。

综观世界已经发现的古代宗教建筑遗址，卡纳克神庙的规模无疑是最大的。它的全貌已不可能再现，但神庙一方石碑为它作了生动的描述：墙体用精细砂石砌成，然后通体贴金。路面涂银，所有门道镀上黄金。雕像均用上等的整块花岗岩、砂岩、彩石琢造。正殿有一个金、玉砌成的御座。庙前竖立一排纯金铸成的旗杆。人工河引来尼罗河的水，环庙而流。每当太阳升起，神庙的光芒如同太阳一样灿烂。

在卡纳克神庙以南1000米，有一座较小的卢克索神庙，也是亏了沙子的掩埋才保存下来的。此庙建于公元前12世纪，100多年前被发掘出来，人们花了两年工夫才使它重见天日。

## "国王谷"的陵墓群

西岸"国王谷"峰峰相连，悬崖相对。从第十八王朝开国国王为自己建造第一座陵墓开始，历经500多年，组成世界上少有的王陵群。墓穴依山开凿，高低错落，布满崖坡。后来已发现国王墓62座，据史载应该还有11座。

墓道中常见这样的文字："你死之后，必将复生，灵不离躯体。你在人世所为，犹如一场梦。"

帝王们正是为了这些，将其坟墓建得极其豪华、神秘和隐蔽。墓成之日，即将建陵匠人悉数处死。唯其愈诡秘，越能激发冒险家的贪欲。千百年来，盗墓活动从未停止过，"国王谷"珍宝散失殆尽。

幸运的是，1911年发掘到一座从未被人触动过的陵墓，取出国王完好如初的尸体和数不尽的金银财宝。从出土至运往开罗博物馆，整整花了9年时间，那财宝该有多少啊？

而这位图坦卡蒙国王，不过是名毫无作为的傀儡皇帝，20岁便夭折的末代君王，用的竟是黄金棺木、黄金面具、黄金宝座，还有殉葬财宝2000多件。那么，有功有势的国王，墓中宝物不是更多吗？但由于盗墓者长期的窃取，现在开罗博物馆收藏的王陵文物，只不过是"国王谷"财宝沧海中的一粟了。

除去帝王陵外，还有后妃区、大臣贵族区的墓葬群，数来也有四五百座之谱。它的规模虽然没有王陵的大，不似王陵那样阴森僵死，却更接近

下图：埃及卢克索神庙遗址。

上图：埃及卢克索神庙的狮身人面像。

凡人的生活。墓室里的壁画充满了生活乐趣，表现了当年吃、喝、玩、乐、舞蹈、谈情说爱、家庭生活和山川田野的情景。西岸唯一的一座大神庙名叫哈脱舍普苏庙。它的样式独一无二，紧附底比斯山冈，分为3层，极为雄伟。

大殿上的浮雕保存完整，其中有女王出师远征的情景和宫廷种种争端的场面。女王的装扮也非常奇特，穿男人服装，戴法老的假胡须。这一切都是为了论证哈脱舍普苏女王的合法性。她费尽心机取得王位，前后执政21年，是埃及古代历史上唯一的女王。

埃及卢克索圣殿的方尖碑

| # 四千年前
的漂亮城市

## 规模宏大的砖城

当莫亨朱达罗城掩埋在泥沙、荆棘中的时候，人们以为它是无足轻重的坟地。一旦清去覆盖物，还其本来面目后，人们惊讶得说不出话来了。难道4000年前能有这么漂亮的城市吗？莫亨朱达罗的顶部建筑早已荡然无存，但城基、房基保存完好，街道、水沟历历可辨。遗址总面积7.68平方千米，估计当时有人口约35000人。

从遗址可以看出当时的建筑是经过一番设计的。整个城市呈长方形棋盘状，全城分上城和下城。其中，上城是统治者聚居地，建在城堡上。下城是平民百姓的生活所在地，分布有商业区和住宅区，是城市的主体。

城市街道分南北两条街，东西交叉。城内有高塔、宫殿和大厅，这是供领导者阶层所用。城市周围有相应的建筑物。一些房屋内有浴室、水井和容量不小的粮食仓库，还有通风口，城市墙壁用烧砖砌成。这些都表明了当时城市的繁荣景象。城市主街呈南北和东西十字交叉，宽9.15米。每一棋盘格是一个街区，约长366米、宽275米，其间平房、楼屋罗列，庭园错落，小巷穿插。墙壁都用烧砖砌成，以灰泥缝合。上城是建在9.15米高的人造平台上的城堡，城内有1座高塔，一个带走廊的宫殿，一座有柱子的大厅。

还有一个举世闻名的莫亨朱达罗大浴他，面积1063平方米。室内一口浴池长12米、宽7米、深2.5米，用砖砌成，密不漏水。浴池周围有排水沟、水井和相应的建筑物。考古学家认为浴室可能是举行宗教仪式用的。从出土的文物中，

人们可以看到用铜、银制作的武器、塑像、首饰。红色陶器饰着色彩鲜明的圆周围案。浅浮雕的金属印章，上面刻着牛、象、虎、鳄鱼、鹿、山羊和象形文字。奇异的陶俑再现了当时的社会生活，一尊教王的塑像，头系发带，面蓄胡须；一个全身赤裸的舞女塑像，佩项链，戴手环，又腰翘首，俨然不可侵犯。

## 突然中断的文明

　　如果现代人能够破译莫亨朱达罗出土文物上的象形文字，它的千古秘密便可大白于天下了。可惜，没有人能够猜出它的含意，只能对古城的兴亡作一些模棱两可的分析。

　　有些学者推想，一些部落民族为了建立更理想的家园，5000年以前从现在的俾路支东迁，跨越沙漠，来到印度河西岸平原定居，从此出现了印度河流域的文明。

　　肥沃的土地和丰足的水源产生了发达的灌溉农业，派生了植棉织布业、养羊剪毛纺织业。正是有了专业分工的工匠和商人，才有可能形成这

么大的城市。

　　据说当时的印度棉花远近闻名，巴比伦人把棉花叫作信杜，希腊人叫作信顿，都可以作为植棉业鼻祖的佐证。

## 莫亨朱达罗的文明消失之谜

　　莫亨朱达罗的文明大约维持了1000年，即公元前2500年~前1500年，历史学称为青铜器时代。它的衰落和消失，历来持自然灾害和人为破坏两种看法，但以前者较有说服力。

　　大约在公元前1700年前后，地球上曾经存在一个地震活跃期，许多城市都在这个时候毁灭了。莫亨朱达罗被大地震毁坏后，继之暴雨成灾，印度河泛滥，蚊蚋成群，瘟疫流行，残城彻底摧毁，土地不能耕作。莫亨朱达罗的幸存者既然养不活自己，于是背井离乡、四散逃荒，到别处去另建家园了。另一种说法，莫亨朱达罗发生内乱，自相残杀，让外族有了可乘之机，在一次大规模的入侵中被摧毁了。但是，入侵者是谁呢？这种说法显然难以成立。

四 千 年 前 的
莫 亨 朱 达 罗
城遗迹

| 飘香的
月亮城

## "月亮城"在哪里

　　在注入死海的约旦河口西北约15千米处的巴勒斯坦境内的埃里哈城郊，有一座低于海平面以下约250米的古城，这座古城正好位于耶路撒冷与安曼之间的约旦河河谷中央，这就是驰名世界的最古老城市耶利哥。耶利哥的本意是"月亮城"和"香料城"。

　　耶利哥地处亚热带，气候干燥，雨水稀少，由于附近的苏丹泉

> ### 史前世界名片
>
> 名称：耶利哥城
> 类别：史前城市
> 时间：1.2万年前
> 地点：巴勒斯坦
> 兴盛期：8000年

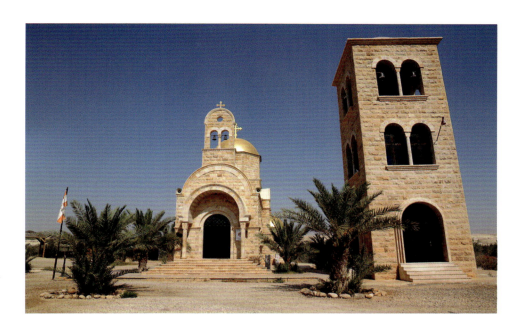

和厄利夏泉的滋润，才形成一片富饶的绿洲，从而吸引了一批又一批的先民到此安家乐业，繁衍生息。

据《圣经·列王纪下》记载：耶利哥城一度水不清、土不肥。先知以利沙听后，让居民拿出一只碗来，在里面盛满了盐，然后他将满满的一碗盐撒入井中，从此，耶利哥城水清土肥了。因此有人认为，如果说埃及是受赐于尼罗河的话，那么耶利哥则是受惠于泉水的恩赐。在历史上，这里棕榈茂密，故又有"棕榈城"之称。

## 以色列人"屠城"

关于耶利哥城，据《圣经》记载，早在约书亚接替摩西成为以色列人的领袖，率领以色列人攻陷并摧毁耶利哥之前，耶利哥即已经存在许多世纪，并且一直是一座威震迦南的名城，许多东方侵略者在它的铜墙铁壁面前，碰得头破血流，铩羽而归。

《圣经·约书亚记》生动描述了约书亚率领以色列人智取耶利哥城的过程。据载，约书亚率领以色列人从埃及辗转跋涉，到达约旦河东岸时，在什亭安营扎寨，他们举目望去，只见河对岸广阔的棕榈林中，矗立着耶利哥城的一座座碉堡和塔楼，凛然不可侵犯，约书亚久闻耶利哥城固若金汤，未敢贸然进犯。为了摸清耶利哥城的兵力和军事设施情况，他派遣两名以色列军人，乔装成迦南人，混进城中侦察敌情。

当这两个探子完成任务傍晚准备回营时，发现城门已经关闭，他们在城门附近的一家客栈求宿，那家客栈的女主人是个妓女，名叫喇合，她很机灵，一下就认出这两个人是以色列探子，尽管如此，她还是热情接待了这两位不速之客。

但事不凑巧，两名以色列探子的行踪被一位耶利哥人看见，他立即报告了耶利哥王，耶利哥王听到报告后，立即派守备队前来捉人。妓女喇合将这两名探子藏在房顶上，掩护起来，躲过了搜捕。两名探子由衷地感谢喇合的救命之恩，并起誓攻陷耶利哥城后保证喇合及其父母、兄妹的性命。因为喇合的房子紧挨着城墙，喇合帮助探子顺着绳子溜下城墙，这样他们俩人才逃出了耶利哥城。两名探子平安回营后，向约书亚汇报了所了

解的情况。

当天夜里，约书亚率领全体以色列军民，在耶和华上帝的神助下，脚都未湿就渡过了波浪汹涌而又浑浊的约旦河，直逼耶利哥城下，将耶利哥城团团包围起来。

约书亚的围攻战术新颖独特。每天以色列人都走出营盘，在弓箭石弹射不到的距离绕耶利哥城走一圈，一连这样搞了6天。被困在城里的耶利哥人都攀上城墙，惊恐地观看以色列人的游行队伍，由于不解其中的奥秘，心里越来越怕，担心大难临头。自从耶利哥城建成以来，从未有哪一帮侵略者行动如此神秘莫测。

到了第七天，约书亚决定对耶利哥发起总攻。清早，他仍旧把军队

领出营盘，这回以色列人绕城走了7次，前6次他们跟前6天一样，一声不吭。但走到第七次时，以色列人一听到号角声，就齐声呐喊，喊声震天动地，城墙随之倒塌，以色列人一拥而上，攻入城中，见人就杀，除了妓女喇合一家外，不分男女老幼，包括牲畜在内，全被斩尽杀绝。最后，以色列人抢掠了城里的金银财物，又纵火焚烧了房屋和其他建筑物，显赫一时的耶利哥城化为一片灰烬。

### 考古学家的重大发现

基于《圣经》的记载，19世纪以后，考古学家们不断涌来，探寻这座古城遗址。1867~1870年，欧洲人沃伦率先在耶路撒冷及其周围地区展开

了调查发掘工作，但是一无所获。

1907~1909年，德国东方协会的厄恩斯特·塞林教授揭开了耶利哥城的发掘序幕。1930~1936年及1952~1958年，加斯唐和凯尼扬分别率领一支英国考古队发掘了这座古城遗址，揭示出从新石器时代直至《圣经·约书亚记》第六章中所描述的毁城时代为止的完整序列，其时间跨度为公元前10000年至公元前20世纪中叶。它不仅在巴勒斯坦，并且在世界历史上也算得上是屈指可数的重要遗址之一。

耶利哥城掩埋在南北长350米、东西宽150米、高21.5米的巨大人工土丘之下，经过100多年来的考古发掘，虽然迄今尚未发现被以色列人摧毁的耶利哥城遗址，但是英国女考古学家凯瑟琳·凯里扬博士在1952~1958年的考古发掘过程中，发现了更为古老的城墙遗址。

经过对放射性元素碳-14的测定，最早的年代为公元前800年，史学家认为，以色列人攻打耶利哥之役是发生在公元前1400年~前1250年之间，因此耶利哥城在被以色列人

位于以色列耶利哥的墓碑

毁灭之前至少已经存在了6500年。这一重大的考古发现使全世界为之震惊和欣喜。

## 耶利哥城几度兴废

从公元前10000年起，人类就已经在这里定居。在遗址的最底层，考古工作者发掘出土了纳吐夫文化时期的几何形细石器、骨器等遗物，还发现了寺庙建筑遗址。专家们推测，寺庙是以狩猎和采集为主要生活来源的先民们用来祭祀泉水的建筑。

耶利哥遗址的新石器时代居住址占据了第9~17层，第9层出土有陶器，第10~17层不见陶器，俗称前陶新石器文化层。在凯尼扬博士命名的前陶新石器A层中，长眠着迄今所发现的世界上最古老的城市耶利哥，在这一层中，发现有直径5米左右的圆形竖穴居室，系由半圆锥体形状的土坯垒砌而成。

城市废墟面积约4公顷，城周围有厚2米、高4米的石砌城墙，城墙最高处超过6米，用雕琢规整的石块垒成。城墙外还发现了一条宽6米多、深

2米多的大沟，类似于我国的护城壕。城中建有直径10米、高8米以上的巨大塔楼，塔楼内设有阶梯直通顶端，类似于欧洲中世纪的城堡主垒。

考古学家们推测，当时耶利哥城常住居民人口有2000人，他们从事农业生产，饲养牛、绵羊和猪，掌握了燧石制作工具的技术。这些居民还从事大规模土木工程建设，其组织严密的程度令人称奇。

然而，繁盛一时的耶利哥城在公元前7300年左右突然衰落，此后与此文化系统不同的人从叙利亚一带迁来定居，形成前陶新石器B层遗址。新居民用晒干的扁平状土坯建筑较为规整的方形住宅，地面与墙壁抹上一层灰泥，屋内设神龛，城内新建了用于祭祀的建筑物。

最有趣的是，在这一层中发现了一具用灰泥按死者生前面貌复原的头骨，眼睛用贝壳镶嵌，耳鼻酷肖，无疑与当时居民们的祖先崇拜有关。至公元前6000年左右，耶利哥再度废弃，沦为荒丘。

公元前4500年左右，耶利哥重现人类活动的踪影。居民们已会制作陶器，他们居住在竖穴房屋里，具有强烈的游牧民色彩，这些生活在有陶新石器时代的先民大约逗留了500年，接着便远徙

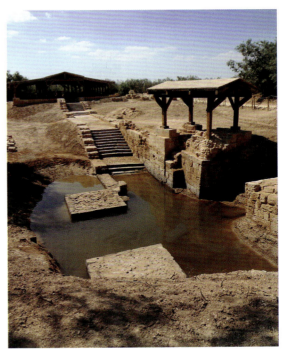

他乡，另觅新居。到了公元前3000年左右的青铜时代早期，耶利哥再度兴盛起来。居民们穿岩凿墓，埋葬死者，他们死后盛行多人多次合葬。此外，还筑起城墙。凯尼扬博士称之为"原始都市期"。

英国剑桥大学的著名考古学家格林·丹尼尔在其代表作《考古学150年》中称耶利哥在这一时期才形成一座城市，与凯尼扬博士的观点略有出入。但不管怎样，居民们用干土坯垒砌的城墙在地震和外敌的攻击下，屡废屡兴，最终被阿摩利人的一把大火焚毁殆尽。

在这场浩劫后，耶利哥沦为尚未开化的阿摩利人的宿营地。公元前1900年左右，又一支来自叙利亚的民族占据了这座城市，重建耶利哥城，耶利哥进入中期青铜时代，这是耶利哥最繁荣的时期。很快，城市高度发展，成为重要的贸易中心。耶利哥城居民南与埃及人、北与赫梯人、东与美索不达米亚城邦、西与迈锡尼人进行交往，其富饶状况集中反映在这一时期岩穴墓中随葬品的种类和数量上。地下出土遗物表明，随葬品种类多，数量大，有食物、家具、装饰品、陶器、雪花石膏制的容器、小木箱及放置食物的桌子等。可是，好景不长。

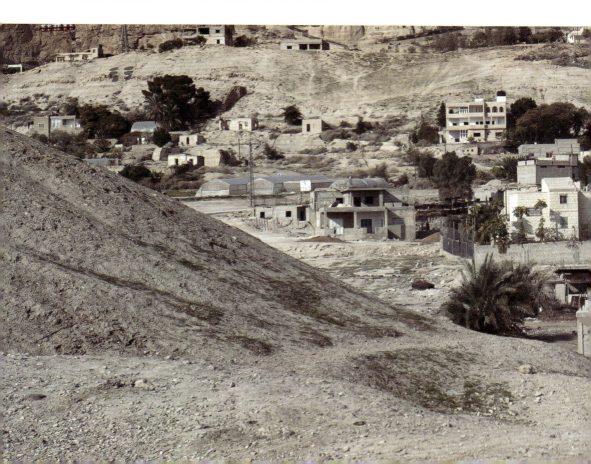

公元前1560年前后，从埃及远道而来的喜克索斯人攻入耶利哥，混乱中，城市毁于大火，化为焦土。前述《圣经》里记载的约书亚率领以色列人攻占并摧毁耶利哥城，如果这是史实的话，在年代上应当属于这一时期，遗憾的是考古调查和发掘并未能提供任何证据。

　　如果按历史学家的看法，以色列人攻入耶利哥城是在公元前1400~前1250年的话，那么，早在以色列人进入迦南之前150年，也就是公元前1560年左右，耶利哥城已是残垣颓壁、满目荒凉了，根本不可能存在以色列人攻陷和血洗耶利哥城的悲壮场面。

　　因此，史学家们普遍认为，《圣经》的这一段记载纯属虚构，其目的是为了抬高以色列人的地位和声誉。

　　耶利哥城的重见天日揭开了人类城市发展史的新篇章，它将人类城市的起源从公元前5000年提早至公元前8000年，整整提前了3000年。随着考古调查的进展，我们相信，在世界上许多地方，不管是海底还是陆上，不管是低谷还是山丘，都有可能埋葬着比耶利哥更早的城市，而这些未来的发现正有待于后继者去发掘。

# 三叶虫
# 上的足迹是谁的

## 一个完整的脚印

1968年的一个夏天，一位美国的化石专家在位于犹他州附近以三叶虫化石闻名的羚羊泉敲开了一片化石。这一敲不但松动了100多年以来现代人类所笃信的进化论，更替人类发展史研究敲开了另一扇门。

这位名叫威廉·米斯特的美国人在敲开这片化石之后，赫然发现一个完整的鞋印就踩在一只三叶虫上，这个鞋印长约0.26米、宽0.089米。从鞋印后跟部分下凹0.015米来看，这应该是一双和现代人类所穿的便鞋类似的鞋子，也就是说这只鞋子的主人是生活在一个有一定文明下的环境。令人纳闷的是，三叶虫是一种生长于6亿年前至2亿年前的生物，换句话说，在这久远的历史时期之前，是不是有着和我们一样的人类文明存在？

## 史前世界名片

名称：史前人类脚印
类别：史前人类
时间：6亿年前~2亿年前
发现地点：美国、墨西哥
发现时间：20世纪~21世纪

### 远古的纸卷筒遗迹

早在19世纪，1822年的《美国科学杂志》卷五上，清楚地描述了由法国的探险家在圣路易南，密西西比河沿岸所发现的一连串脚印，每一个脚印都清晰地显示了人类脚掌底部的肌肉曲线。

就在同一地点还发现有一道很深的压痕，长0.6米、深0.3米，似乎是由卷轴或纸卷筒所形成的，而这两个遗迹都是存在于距今有3.45亿年前的密西西比纪石灰石上。

这样的考古发现告诉我们在上亿年前除了有人类存在的可能性之外，当时的人们很可能也具有造纸技术等文明。

### 又一个更为有趣的发现

1927年，一位美国地质学家在美国内华达州的一个峡谷内，发现一块带鞋印的化石。这个化石是由于鞋跟

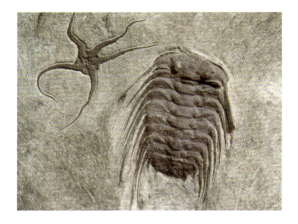

离开地面时所带起的泥土造成的，鞋印保存得特别好，并且这块化石的年代可以追溯至2.25亿年前的三叠纪石灰石。

不过当近期科学家以显微摄影重现这个遗迹时，才发现鞋跟的皮革由双线缝合而成，两线平行延伸，而这样的制鞋技术在1927年是没有的。

加州奥克兰考古博物馆荣誉馆长针对这个化石下了这样的结论："地球上今天的人类尚不能缝制那样的鞋。面对这样的证据，即在类人猿尚未开化的亿万年前，地球上已存在具有高度智慧的人……"

而我国一位著名的化石专家海涛在新疆的红山也发现了奇特的类似人类鞋印的化石，距今约2.7亿年。鞋印的印迹全长0.26米，前宽后窄，并有双重缝印。鞋印左侧较右侧清晰，印迹凹陷，内呈中间浅

两端深，形态酷似人类左脚鞋印。

由于这个脚印与美国峡谷发现相似，被人称为新疆的"奥帕茨之谜"，意为不符合那一地层时代的出土物。这种奥帕茨现象预示着地球上生命、文明演化轮回可能性的存在。

## 恐龙化石脚印

恐龙足迹发现于1970年，地点在美国俄克拉荷马州的克里佐山谷，年代介于1.55亿年至1亿年之间。其中一个鞋印前后距离还长达0.508米，左右宽约0.23米，而在离这些鞋印不远处竟有几个恐龙脚印。这样大的脚印也在其他地方被发现，如美国的弗吉尼亚州发现的长0.36米的脚印及在堪萨斯州巴克斯塔矿区砂岩中发现的长约0.9米的巨型足迹等。这些脚印的尺寸都远大于我们现代人的脚印，并且年代都在一亿年之前。

这几个脚印化石一下子把人类存在的可能性拉到上亿年前，强力地撼动了进化论的框架。不过更令科学界感到讶异的是一些有上亿年历史的科技产物的出土，这些遗迹向我们透露了当时人们丰富的生活经验。

## 到底是谁的脚印

1968年7月，地质学名家伯狄克博士前往羚羊泉考察，又发现了一个小孩的脚印。1968年8月又在含有三叶虫化石的同一块岩石中发现了两个穿鞋子的人类足迹。

人类的这些发现是对传统地质学的严重挑战。犹他州大学地球科学博物科学家说，那时侯地球上没有人类，也没有可以造成近似人类脚印的猴子、熊或大懒兽，那么，在连脊椎动物也未演化出来之前，有什么似人的动物会在这个星球上行走呢？我们期待谜底的揭晓。

## 墨西哥史前人类脚印争议

2005年7月，英国利物浦约翰·摩斯大学的地质考古学家西尔维亚·冈扎利兹和同事宣布，在墨西哥中部火山岩中发现的269个化石脚印是40000年前的原始人和动物所留下来的。

这些原始人脚印是在墨西哥城东南部塞罗·托路奎拉火山附近的一个

废弃采石场底部发现的，以冈扎利兹为首的英国专家小组花了近两年时间来测定这些脚印的年代。

英国科学家的说法在科学界引发了剧烈的争议，因为根据传统的理论原始人类是在大约11000年前经过白令陆桥抵达美洲大陆的，英国科学家的发现证明事实上原始人抵达美洲的时间比以前想象的还要早上至少30000年。

然而日前，美国伯克利市加利福尼亚大学地质考古学家保罗·里尼在《自然》杂志发表文章宣称，他通过最新的方法对发现原始人脚印的火山石进行了9次分析，结果证明这些所谓的脚印事实上具有130万年的历史。

里尼对9个火山岩石样本进行定年测试，发现它们的年代从126万~147万年不等，这意味着那些脚印也应该具有130万年左右的历史，它比非洲出现最早人类祖先的年代还要早上100多万年左右。

里尼和同事们认为，在非洲人出现100万年前，美洲大陆上就有人类足迹的这种可能性是非常渺茫的，因此里尼断定墨西哥火山岩化石上的脚印状印痕并非是人类所留。

里尼的研究在科学界引发了强烈的怀疑，伦敦自然历史博物馆人类起源部负责人克里斯·斯特里格说道："一些专家开始怀疑这些脚印到底是否真是人类留下的。这一问题目前存在着剧烈的争议。"

# 原始人
# 绘身和文身之谜

## 三千年坟墓男尸有文身

　　1949年，苏联考古学家鲁登科掘开一座大约公元前60年建造的坟墓，墓穴中有一具女尸和一具男尸。这个男人生时身上文上了好些图形，像现在文身一样，这女人生时可能是他的妻子。

　　这个墓穴是在西伯利亚西部接近蒙古边境阿尔泰山脉大草原上发现的。考古学家到这地区来研究，共发现5个大墓穴和9个小墓穴，而埋了一男一女的就是其中一个。由于自然界的奇妙作用，这对夫妇的尸体以及一大批陪葬物品，包括袜子、鞋子、瓶子、地毯和木桌等，大致都保持原状，没有腐烂，就是那些通常极易腐烂的物品也保存完好。

　　坟墓中最重要的发现就是那具男尸，这位男死者生前身材高大，身高

1.76米，体格健壮。死者头部正面曾经修剃，并剥去头皮。从腿骨微弯来看，鲁登科推断死者长年骑马，就像游牧民族的首领一样。

最令人感兴趣的是尸体上的文身。死者手臂、大腿和躯干大部分地方都有文身。

那些图案多为神话怪兽，奇形怪状，令人恐惧：身体像蛇的鹰头狮子、长着猫尾和翅膀的动物和长了鹰嘴有角的鹿。

## 绘身和文身如何理解

所谓绘身，是指用某种方法把各种色彩的颜料涂抹在人的身体上，但它的保留时间有限，很容易从身上洗掉，要想使之具有长期性，就必须采用文身的办法。

所谓文身，是指人为地给皮肤造成创面留下伤痕，或者在被刺过的皮肤上涂抹染料使色素经久不褪地保留下来。前者称为瘢文，后者称为黥文。在世界各地的原始部落中，这种瘢文和黥文经常与绘身交替使用。

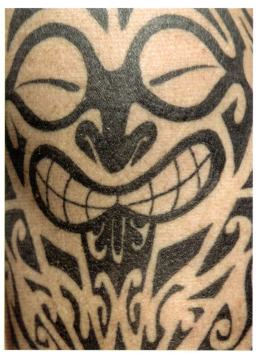

考古学家和人类学家们指出，绘身和文身的习俗最迟出现在数万年前的旧石器时代，发展至今天，更成为一种十分独特的艺术，从中人们可以窥见原始人的某些宗教信仰和社会风俗。

原始人将绘身和文身看作一件非常重大并且十分神圣的事，并且它们也是现代人了解远古文明的一面生动的镜子。

## 原始人绘身或文身的目的

有人推测原始人绘身或文身可能是出于对图腾或祖先的崇拜。根据现有的人类学调查资料，在有关绘身和文身的实例中，把本部落的图腾绘制或文刺到自己身上是最为常见的情况。

由于在原始人的心目中，本部族的图腾不是象征着自己的祖先，就是象征着最受崇拜的主神，因而身上绘有或纹有这些图案就可以得到神灵的保佑和帮助。

据记载，居住在大洋洲托列斯海峡附近岛屿上的土著人都从鼻尖到前额，再沿背脊到腰际画一条线，象征着他们的图腾——儒艮。

而我国古代南方崇拜龙神的民族，也总是把龙文在身上。在文身的巴布亚人中，每

个部落都有自己独特的专用图案，一旦有人抄袭了其他部落的花纹，轻则引起口角纠纷，重则导致械斗甚至战争。

有人推测绘身和文身是出于某种宗教或巫术的目的。不同的图案有不同的意义，如澳大利亚的土著人在出发打仗时全身绘红，为死者举行葬礼时全身绘白，以此求得天神的庇护。

几乎所有的澳大利亚土著部落的巫师在做法时都要绘上花纹，否则会被认为法术不灵，失去人们的信任，最后导致失败。

绘身和文身也可以反映出各人在社会中的不同地位，如巴布亚人中的老人用黑色绘身并加刺手臂、腿部和胸部，年轻时一般用红色绘身并黥刺面部。在日本的阿伊努人中，花纹大而直的代表社会地位较高，小而曲者则说明社会地位较低。

尽管如此，不少学者还认为，原始人绘身和文身只是出于人类爱美的天性，而其他意义都是日后衍生出来的。

据记载，新西兰土著毛利人妇女到了成年以后都必须在下颌部，特别是嘴唇上文出一条条横线，原因是她们认为红嘴唇是很难看的，男人如果娶了红嘴唇的女人做妻子就是极大的羞辱。

## 原始人绘身或文身的影响

随着社会的发展和文明程度的进步，在近现代的原始部落中，人们之所以绘身或文身完全可能同时出于宗教、文化或者爱美等多种不同的需要，因此简单地把绘身与文身归于某个原因是难以解释这种复杂现象的。

许多研究过绘身或文身风俗的学者认为，原始时期的绘身和文身还与远古人类服装、发式及其他各种装饰物的发展演变有十分紧密的联系，人类最早的服装很可能就是绘身或文身的附属物。但是，随着服装在人类社会中的逐渐推广，服装的影响在不断扩大，绘身和文身的风俗却在不断地消退。

现在在那些现代化大都市里，绘身和文身只是在各种戏剧杂耍表演，以及爱自我表现的青年人和某些神秘的社会团体中流行，不少人去绘身和文身也仅仅是出于好奇。

然而，原始绘身和文身的那些充满神秘怪异色彩的线条和图案却一直吸引着人们，他们绘身或文身到底出于什么目的，还不得而知。

Tan Suo
Ma Ya Weng Ming
De Ao Mi | # 探索
玛雅文明的奥秘

## 玛雅文明的发现

许多人都听说过玛雅这个文明的传说，大部分人对于玛雅人的印象与美洲丛林脱离不了关系。提到玛雅人，多数人脑海中浮现的是一群身着鲜艳羽毛服饰的印第安人，绕着圈圈在月光下进行着神秘的仪式，中间站着法术高强的祭司。

的确，玛雅人居住的地点就在今天的中美洲，神秘的遗迹也在幽静的丛林里，然而有几个人知道，玛雅人跟远在地球另一边的中国人与蒙古人有密切的关系。他们留下来的巨大石造遗迹与高超的艺术作品连今天的技术都望尘莫及。

1502年，哥伦布在最后一次远航美洲时，在洪都拉斯海湾地区的市场上曾见到一种制作精美的陶盆。据当地的商人说，这种陶盆是从一个叫玛雅的地方运来的。这是欧洲人首次听到玛雅这个名字，在当时显然并没有引起特别的注意。

1511年，有一艘西班牙海船从巴拿马驶向圣多明各，在途中遭遇海难沉没，12个幸存者在尤卡坦半岛登陆。两周之后，这些人与玛雅人遭遇，有5名船员成为祭坛上的牺牲品。逃脱的幸存者回到了西班牙占领区，他们的经历是欧洲人对于玛雅人的首次见闻。

1519年，西班牙探险者科尔特斯在征服墨西哥的阿兹特克帝国之后向北部和西部推进，1542年在尤卡坦建立第一个殖民地，以后逐步深入玛雅地区。

## 发现过程

西班牙人在16世纪时进入南美洲，他们以入侵者的角度占领这个全新的大陆。当时中南美洲的住民过着原始的农业生活，对于西班牙人的坚船利炮自然是毫无招架之力，很快西班牙人也将他们的信仰带到此地，有两个传教士看到了当地人信仰巫术与迷信，就放了一把火把他们所藏的古老典籍全部给烧毁了。谁知道这些书不是别的，它们正是消失已久的玛雅人遗留下来的知识宝典，里面详细记载了他们当年辉煌的科学成就与文

### 史前世界名片

名称：玛雅文明
类别：史前文明
时间：公元前1500年～16世纪
兴盛期：约4世纪－9世纪
发现地点：美洲
发现时间：1502年

建在加勒比海岸的玛雅城遗址

化。也许是天意如此吧！今天研究玛雅文明的学者只能从断简残篇中拼凑出玛雅当年的盛况。

## 玛雅文明遗址

卡拉克穆尔遗址在今墨西哥坎佩切州境内，面积约30平方千米。卡拉克穆尔是玛雅文明古典时期最重要的城邦之一。在玛雅的时代，她是城邦"Kana"的首都。因此卡拉克穆尔的王朝也被称为"蛇之王朝"。

奇琴伊察是一处庞大的前哥伦布时期的考古遗址，由玛雅文明所建，坐落在今墨西哥境内的犹加敦半岛北部，也是世界新七大奇迹之一。

科巴是墨西哥尤卡坦半岛上的一个玛雅文明的城市遗址，位于加勒比海岸以西40千米、图卢姆西北44千米、奇琴伊察以东90千米。科潘遗迹位于洪都拉斯西部的科潘省，靠近危地马拉边境。科潘是玛雅文明古典时期最重要的城邦之一。在当时，她是玛雅诸邦中最靠南的一个。科潘王国的历史可以追溯至2世纪，在5~9世纪达到鼎盛，然后同其他古典时期各个玛雅城邦一样，突然衰落并被彻底遗弃在丛林之中。

蒂卡尔是玛雅文明中最大的遗弃都市之一。它坐落于危地马拉的佩腾省。蒂卡尔在玛雅语中是"声音之地"或"舌头之地"的意思。

碑铭上的玛雅象形文字常常称它为穆塔或雅克斯穆塔，意为"绿色的捆"，也有可能是"第一预言"的隐喻。这些都可能是蒂卡尔古代的名字。乌斯马尔是位于墨西哥尤卡坦州的大型玛雅古城遗址，1994年被联合国教科文组织列入世界文化遗产。

乌斯马尔在古玛雅语中意为"植三棵树"，但也有玛雅语专家执有异议。帕伦克遗址在今墨西哥恰帕斯州境内的尤卡坦半岛上。帕伦克是玛雅文明古典时期最重要的城邦之一。波南帕克是玛雅文明的城市之一，位于墨西哥的恰帕斯州。考古学家曾在这里发现精美的壁画与国王的石棺，而遗迹的建筑可以追溯至古典早期580~800年。

## 丛林里的巨石遗迹

玛雅的金字塔可说是仅次于埃及金字塔的最出名的金字塔建筑了。他们看起来不太一样，埃及金字塔是金黄色的，是一个四角锥形，经过几千年风吹雨打已经有点腐蚀了。玛雅的金字塔比较矮一点，也是由巨石堆

上图：地处墨西哥的奇琴伊察阶梯形金字塔。
左图：古玛雅城市遗址奇琴伊察武士神庙。

成，石头是灰白色的，整
个金字塔也是灰白色的，
他不完全是锥形的，顶端
有一个祭神的神殿。玛雅
金字塔四周各有4个楼梯，
每个楼梯有91阶，4个楼梯
加上最上面一阶共365阶，
刚刚好是一年的天数。

　　玛雅人非常重视天文
学的数据，他们的建筑里
处处都是这些关于天体运
行规律的数字。除了阶梯

数目外，金字塔四面各有52个四角浮雕，表示玛雅的一世纪52年。

玛雅的天文台也是充满特色的建筑物。以今天的眼光来看，不论是在功能上或外观上，玛雅的天文台与现在的天文台十分类似。这些建筑物以今天的角度看也足以令人称奇。

以玛雅金字塔来说，玛雅人如何将巨大的石块切凿、搬运到丛林的深处，再把一块块10多吨的石块堆积起来，堆高至70米处，要是没有先进的交通工具及起重设备，是难以完成这个任务的。而生活在丛林里的民族，为什么要花这么大的工夫，建立一个天文观测网？

历史记载，望远镜是伽利略16世纪才发明的，接着才有大型天文台的出现，而天文观测网的观念是近代才出现的，这样的观念可说是相当先进。由此肯定的是，玛雅人当时的科学水平与今天相比毫不逊色。

隐藏着天文运行规律的玛雅金字塔

Shi Qian Wen Ming
Hui Yu
Da Hong Shui Ma

# 史前文明
# 毁于大洪水吗

## 圣经中的记载

有关史前大洪水的过程，《圣经》中有所描述。虽然《圣经》是一本宗教书籍，但很多学者认为《圣经》描述的是真实的人类历史。

以下为《圣经》中关于大洪水写道："洪水泛滥地上40昼夜，水往上涨，把方舟从地上漂起"，"水势在地上极其浩大，山岭都淹了"，"5个月后，方舟停在拉腊山上；又过4个月后，诺亚离开了方舟"。

史前洪水同时伴随着大陆的变迁完全摧毁了当时整个地球的人类文明，只有极少数人活下来了。近来考古学家们发现的许多史前遗迹，如亚

特兰蒂斯大陆等均可能因那次洪水而消失。

英国的民族学家弗雷泽曾指出：在北美洲、中美洲、南美洲的130多个印第安种族中，没有一个种族没有以大洪水为主题的神话。事实上，记录大洪水的并不限于美洲的印第安人，在世界各大陆上生活的民族中几乎都有关于大洪水的记载。

## 考古学家的发现

大约12000年前左右，上一期人类文明曾遭受一次特大洪水的袭击，那次洪水也导致大陆的下沉。考古学家陆续发现了许多那次大洪水的直接和间接证据。

人类文化学家也通过研究世界各地不同民族关于本民族文明起源的传说则发现：世界各地不同民族的古老传说都普遍述及人类曾经历过多次毁灭性大灾难，并且如此一致地记述了在我们本次人类文明出现之前的某一远古时期，地球上曾发生过一次造成全人类文明毁灭的大洪水，而只有极少数人得以存活下来。

## 远古的大洪水是怎么回事

《旧约·创世纪》载有古犹太人的传说：上帝看到人类已败坏，便以洪水灭世。水势极为浩大，淹没了所有的高山。只有诺亚奉上帝之命建了一艘方舟，载着他一家老小及各种留种的动物逃脱了灭顶之灾。这是在西欧家喻户晓的传说故事。

1872年，年轻的亚述学者乔治·史密斯提出诺亚洪水与古代两河流域世界大洪水同出一辙。此说被日后发现的《吉尔伽美什史诗》第十一版所证实，从而引发了关于远古世界大洪水及其传说的一场旷日持久的争论。

目前，争论的焦点主要集中在两个最基本的问题上：一是远古初民时代究竟有没有一场世界大洪水？二是世界上普通流行的大洪水传说是怎样起源的？

## 比较有影响的三种说法

克莱默等学者认为，世界性的大洪水纯系子虚乌有，各地的洪水传说大多起源于两河流域的苏美尔人。他们在20世纪初发现了载有最早洪水传说的苏美尔版；尔后在苏美尔古城乌尔的发掘中，又在地下发现了11米厚的沙层。据考是公元前4500年前后两河流域的一次特大洪水堆积出来的，洪水还淹没了一个叫乌博地安的史前民族。故克莱默等人深信，苏美尔的

　　洪水故事是这一次大灾难留下的记忆，经民间传说夸大为世界大洪水。这一故事通过在古巴比伦人、犹太人等许多民族中的流传而逐步演化为世界性文化现象。

　　另一种意见截然相反，他们认为，地球第四纪冰期在12000年前开始退却时，气候转暖，冰河大量融化泛滥，海水不断上升，吞没了出露的大陆架和陆桥，并发生普遍的大海侵，淹没了许多海岸和部分陆地。故世界性的大洪水确实发生过，但并没达到淹没一切的程度。当时靠海及靠水的人们损失巨大，被迫向高地迁徙，随之带去了可怕的洪水故事。因此世界上大多数地方都有关于世界大洪水的传说。许多淹没在海水之下的文明遗迹及大海侵的痕迹成为此说的有力论据。

　　以英国富勒为代表的一批学者提出：世界大洪水是不可能的。他们认为各种洪水故事的起源不尽相同，并不是共出一源。并且，不少故事纯粹是神话，是主观想象的结果，因而是不足为信的。

| # 史前文明
# 毁于核大战吗

### 遗留的奇迹

众所周知，人类有文字可考的历史至今不过2000年，但是7000年前的人类却建筑起埃及金字塔。人类懂得穿上衣服的历史至今不过4600年，但是大西洋海底却发现了11000年前的精致铜器。此外，世界各地还发现并证实了20000年前的铁钉，30000年前的壁画及40000年前的牛羊骸骨中赫然的子弹穿过的痕迹。

这样相互矛盾而发人深省的例子有很多。这些奇迹是来自外星人或来自我们的祖先？世界各国科学家和考古学家对此众说纷纭，莫衷一是。

人类进化至今是不是只是30万~40万年历史呢？可以肯定地回答：

不是。人类进化至现在，已经有上百万年历史，通过碳-14已经精确地估算出某种高度文明的产物远在30000~40000年前就已出现。而它的范围之大，使我们有理由相信30000~40000年前，人类有一个活跃和鼎盛时期。

我们的地球曾经不止一次遭到大洪水、大爆炸、大灾难的侵袭，因此古文明可能一毁再毁，古人类也死而复生。

对于这些大洪水的各种传说，考究其历史，都可以追溯至12000年前以前，刚好在冰河结束时期，这使我们对这些传说无法掉以轻心，仅仅视为神话或多事的臆测。同时这也证明了人类远在12000年前就有历史，并且较4000年前甚至比今日更发达。

## 无法得知的文明进程

最近从海底探测获得的资料显示，那些在古代哲学家的著作中被称为奇迹的亚特兰蒂斯，可能正沉在百慕大三角的西方。

由水中拍摄的照片和实地勘测可知，1000年前的人类已能举起数百吨的巨石了。这个大洪水时代以前的文明废墟，其海底墙壁和海中道路的浩大精妙，无殊于今日视之为谜的7000年前埃及金字塔。

也许在12000年前，人类对宇宙的知识已经超过了今日。也许在三四万年前或10多万年以前，人类

已经有了数次这种文明的高峰。我们仅仅可以知道地球文明史的高峰是人类创造的，但无法得知人类文明的进程。

## 史诗的记载

有一部著名的古印度史诗《摩诃波罗多》，写成于公元前1500年，距今有3400多年了。而书中记载的史实则要比成书时间早2000年，就是说书中的事情是发生在5000多年前的事了。

此书记载了居住在印度恒河上游的科拉瓦人和潘达瓦人，以及弗里希尼人和安哈卡人两次激烈的战争。令人不解和惊讶的是从这两次战争的描写中看，他们是在打核战争！

书中的第一次战争是这样描述的："英勇的阿特瓦坦，稳坐在类似

飞机的飞行器的维马纳内降落在水中，发射了类似火箭武器的阿格尼亚，它喷着火，但无烟，威力无穷。刹那间潘达瓦人的上空黑了下来，接着狂风大作，乌云滚滚，向上翻腾，沙石不断从空中打来"，"太阳似乎在空中摇曳，这种武器发出可怕的灼热，使地动山摇，大片的地段内，动物倒毙，河水沸腾，鱼虾等全部烫死。火箭爆发时声如雷鸣，敌兵烧得如焚焦的树干"。

第二次战争描写更令人毛骨悚然，胆战心惊："古尔卡乘着快速的维马纳，向敌方3个城市发射了一枚火箭。此火箭似有整个宇宙力，其亮度犹如数万个太阳，烟火柱滚滚升入天空，壮观无比"，"尸体被烧得无可辨认，毛发和指甲脱落了，陶瓷器碎裂，盘旋的鸟在天空中被灼死"。

看到此惨状，现代人会立刻联想到原子弹爆炸后产生的威力。在原子

毁于核战
争的史前
文明

弹还没有产生的年代，许多学者一直认为此书中的那些悲惨的描写是"带有诗意的夸张"。可是到了美国在日本广岛和长崎投下两颗原子弹之后，他们才恍然大悟，这些描写就似原子弹爆炸目击记一样准确。

后来考古学家在发生上述战争的恒河上游发现了众多的已成焦土的废墟。这些废墟中大块大块的岩石被粘合在一起，表面凸凹不平。

要知道，能使岩石溶化，最低需要1800摄氏度。一般的大火都达不到这个温度，只有原子弹的核爆炸才能达到。

在德肯原始森林里，人们也发现了更多的焦地废墟。废墟的城墙被晶化，光滑似玻璃。除了在印度外，古巴比伦、撒哈拉沙漠、蒙古的戈壁上都发现了史前核战的废墟。废墟中的玻璃石都与今天的核试验场的玻璃石一模一样。

由此而论，国外物理学家弗里德里克·索迪认为："我相信人类曾有过若干次文明。人类存在时已熟悉原子能，但由于误用使他们遭到了毁灭"。

这可能吗？大部分科学家们认为这仅是一种附会，是不能令人信服的。但是另有一些人坚持自己的看法，认为我们的地球早已存在50多亿年了，而人类文明仅仅有5000多年历史有些说不过去。这个谜现在仍未解开。

# 南极史前文明
# 消失之谜

## 南极可能存在史前文明

据俄罗斯报界披露，爱因斯坦和不少的科学家坚信，如今冰天雪地毫无生机的南极曾经是人类文明的发祥地。

爱因斯坦认为，10000多年前，北极不在北极点上，而在今天的加拿大北海岸附近。南极也不在南极点上，而位于温带地区。那个时候，温度气候均适宜的南极大陆也许曾孕育了一种高度发达的古文明。

然而好景不长，因为地壳发生了逆时针大移动，北极漂移到了今天的

位置，南极漂移到了冰天雪地的南极点，气候突然异常寒冷，大陆被冰雪覆盖，南极文明也就随之消失了。非常有意思的是，远非只有爱因斯坦一人持这种观点，与他持类似观点——人类文明可能源于远古南极的科学家不在少数。

## 古地图惊曝南极冰下秘密

据称，爱因斯坦和其他科学家持这种观点并非耸人听闻或者凭空猜测，而是有相当的证据。

事实上，自第二次世界大战以来，南极大陆可能存在史前文明的设想反复被提及，不少的历史学家、人类学家及考古学家纷纷将目光投向那片冰天雪地，其中一幅不可思议的古地图更是加强了科学界对南极的思索。

1840年，伊斯坦布尔国家博物馆馆长哈利勒·艾德海，在土耳其伊斯坦布尔的托普卡比宫找到一张奇特的古代地图。

这张古代地图是18世纪初发现的，看样子是一份复制品。地图上除了地中海地区画得十分精确，其余地区如美洲、非洲都严重变形。

后来，科学家们终于找到这张地图的原件，这张由土耳其帝国舰队的海军上将皮尔·雷斯于1513年绘制的地图，几乎在南极洲被发现的200年前就把这块神秘的陆地标出来了，并且他画的南极洲是没有冰封的状态。

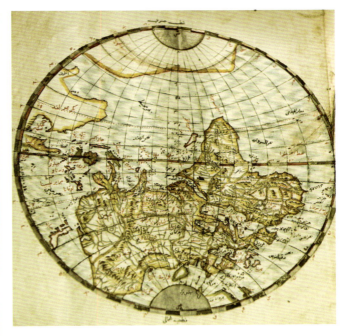

## 六千年前南极没有冰雪

雷斯地图上的南极洲，整体形状和轮廓像极了现代地图所呈现的这块大陆。南极靠近大陆中央，和现代地图显示的相去不远；环绕海岸的山脉，使人联想到最近几年在南极洲发现的诸多山脉；河流发源自这些山脉，蜿蜒流向大海；每一条河流都依循看起来非常自然、非常可信的排水模式。

这显示，有关南极洲最早的地图绘成时，这块大陆的海岸犹未被冰雪覆盖。然而，今天地图所呈现的南极洲内陆，已完全不见河川和山脉的踪影，被冰雪覆盖。

1532年，奥伦提乌斯·费纳乌斯根据史料绘制的世界地图又绘制了一张地图，并在地图上注明了南极上的各个河床。1949年，海军上将贝尔达率领探险队到达南极罗斯海，结果发现费纳乌斯在地图上标明的河床与实地景象十分相近并一一对应。

在这些河床里，有很多由河流带到南极并沉积下来的中纬度细粒岩石以及其他沉积物。后来，华盛顿卡内基研究所的科学家们对这些沉积物进行了研究，结果发现它们已有6000多年了。

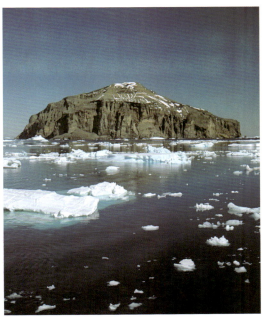

也就是说，在6000年前，南极曾处于冰川前期很温暖的时候，百川奔流，草木葱茏，充满了生机。

费纳乌斯地图显然也证实了一

被海洋和冰雪包围的南极大陆

个惊人听闻的观点：在冰雪完全覆盖之前，南极洲曾被人类探访甚至定居过。若真是如此，那么最初绘制南极洲地图的人，就应该是生活在极为远古时代的南极人。

## 南极史前文明消失之谜

据此，我们是否可以设想，在10000多年前，南极大陆处于温带。优越的自然环境孕育了高度发达的文明，甚至可比18世纪的科学水平。

那里的人们掌握着先进的航海技术和天文知识，他们率领着船队，穿梭于大洋和大陆之间。他们把自己的文明带到世界的每个角落，给蛮荒落后的大陆带去智慧和奇迹，也成为彼此文化间交流和联系的桥梁。

但是，这个文明怎么会突然从地球上消失，不留一点儿痕迹的呢？

## 科学家的猜测

据此科学家们提出三种猜测：

第一，可能是地壳突然发生变动，引发了一场巨大的灾难，洪水淹没了整个世界，也淹没了曾经传播文明的王国和人民。

第二，有些科学家认为，南极史前文明并没有完全消失，可能因为地球气候发生变化，南极大陆逐渐被冰雪覆盖，曾经的史前文明被厚厚的冰层永远埋葬。

第三种可能就是这种文明仍然存在，他们可能将自己的先进知识传播给了埃及人。

# 挪亚方舟
# 是神话吗

## 挪亚方舟真的存在吗

不仅仅是《圣经》，世界各地都流传着关于大洪水和方舟的神话。据说因为有了这艘船，人类和各种动物才能得以逃脱上帝愤怒的惩罚。

人们总想知道有关挪亚方舟的一切，比如它的大小、建造所用的材料、航行日期和停泊地点。为了寻找这只神秘之舟，几个世纪以来人类进行了上百次探险，但至今仍然没有找到它存在的证据。它的秘密难道真的被永远冰封在亚拉腊山中了吗？

挪亚方舟化成了石头，矗立在《圣经》中所说的停泊地点，即土耳其亚拉腊山将近5000米高的冰山上。它的全部内容不仅是一个神话，并且还是对专业地质学家、考古学家和众多热衷于从宗教角度进行方舟考古的爱好者的一个挑战。因为要寻找挪亚方舟，除了需要科学和文化方面的知识

外，还要冒着攀登亚拉腊山的巨大风险。

这座山在土耳其语中被称为"惩罚之山"，因为它经常发生雪崩和山崩，有终年隐匿在烟雾中的大裂缝，以及地震和火山爆发，还有大量的二氧化碳等有害气体和雷击的危险，最后就是土耳其政府下达的禁令和被库尔德游击队员擒获的危险。这就使几十次探险终以失败告终，但是寻找仍在继续。

## 关于挪亚方舟的传说

挪亚方舟是出自圣经《创世纪》中的一个引人入胜的传说。由于偷吃禁果，亚当夏娃被逐出伊甸园。亚当活了930岁，他和夏娃的子女无数，他们的后代子孙传宗接代，越来越多，逐渐遍布整个大地。此后，揭开了人类互相残杀的序幕。人类打着

后人仿制的
挪亚方舟

原罪的烙印，上帝诅咒了土地，人们不得不付出艰辛的劳动才能果腹，因此怨恨与恶念日增。人们无休止地相互厮杀、争斗、掠夺，人世间的暴力和罪恶简直到了无以复加的地步。

上帝看到了这一切，他非常后悔造了人，对人类犯下的罪孽感到十分痛心。上帝说："我要将所造的人和走兽、昆虫，以及空中的飞鸟都从地上消灭。"但是他又舍不得把他的造物全部毁掉，他希望新一代的人和动物能够比较听话，悔过自新，建立一个理想的世界。

在罪孽深重的人群中，只有诺亚在上帝眼里是一个好人，很守本分，他的3个儿子在父亲的严格教育下也没有误入歧途。诺亚也常告诫周围的人们，应该赶快停止作恶，从充满罪恶的生活中摆脱出来。但人们对他的话都不以为然，继续我行我素，一味地作恶享乐。

上帝选中了诺亚一家：诺亚夫妇、3个儿子及其媳归，作为新一代人

类的种子保存下来。

　　上帝告诉他们7天之后就要实施大毁灭，要他们造一艘方舟，分一间一间地造，里外抹上松香。这只方舟要长132米、宽22米、高13.2米，上边要留有透光的窗户，旁边要开一道门，要分上中下3层。他们立即照办。

　　诺亚600岁生辰那天，海洋的泉源都裂开了，巨大的水柱从地下喷射而出，天上的窗户都敞开了，大雨日夜不停，下了整整40天。

　　水无处可流，迅速地上涨，比最高的山巅都要高出6.6米。凡是在旱地上靠肺呼吸的动物都死了，只留下方舟里的人和动物的种子安然无恙。

　　方舟载着上帝的厚望漂泊在无边无际的汪洋上。上帝顾念诺亚和方舟中的飞禽走兽，便下令止雨兴风，风吹着水，水势渐渐消退。挪亚方舟停靠在亚拉腊山边。又过了几十天，诺亚打开方舟的窗户，放出一只乌鸦去探听消息，但乌鸦一去不回。

诺亚又把一只鸽子放出去，要它去看看地上的水退了没有。由于遍地是水，鸽子找不到落脚之处，又飞回方舟。

7天之后，诺亚又把鸽子放出去，黄昏时分，鸽子飞回来了，嘴里衔着橄榄叶，很明显是从树上啄下来的。再过7天，诺亚又放出鸽子，这次鸽子不再回来了。

诺亚601岁那年的1月1日，诺亚开门观望，地上的水退净了。到2月27日，大地全干了。

上帝对诺亚说："你们可以出舟了。你要把和你同在舟里的所有飞鸟、动物和一切爬行生物都带出来，让它们在地上繁衍生长吧！"

于是，诺亚全家和方舟里的其他所有生物，都按着种类出来了。后世的人们就用鸽子和橄榄枝来象征和平。

## 谁是发现挪亚方舟的第一人

1916年，俄国飞行员拉特米飞越雪山时，发现山头有一团蓝色的东西，好奇心促使他飞回细看，他惊讶地看到了一艘房子般大的船，一侧还有门，其中一扇已毁坏。拉特米很快就把他发现挪亚方舟的奇遇报告了沙皇尼古拉二世。当时他曾经组织一支探险队，由于十月革命爆发这项计划

告吹。

　　其实，拉特米并不是第一个发现挪亚方舟的人。早在17世纪，荷兰人托依斯就写过一本书，书中他声称自己找到了挪亚方舟，并附有挪亚方舟的插图。

## 终于有了挪亚方舟的照片

　　亚拉腊山位于土耳其东端，靠近伊朗国境的地方，是座海拔5070米的死火山，山顶自古就被冰川覆盖，传说山顶留有挪亚方舟。1795年，一个叫弗利德里希的爱沙尼登山家，初次在亚拉腊山登顶成功。随后，在1850年，盖尔奇科上校率领的土耳其测量队也登上了顶峰。1876年，英国贵族詹姆斯·伯拉伊斯在圣山高约4500米的岩石地带，捡到了木片，并发表了他找到方舟残迹的消息。

　　第二次世界大战后，一位土耳其飞行员拍了一张"方舟"照片。从此，方舟不再是人们口头传闻，而是有了照片的实物。更令人吃惊的是：照片放大处理后，测出船身为150米长、50米宽，和传说中的方舟近似。

　　1952年，法国的琼·利克极地探险家又组织了探查队，并成功地登上了亚拉腊山顶，然而关于挪亚方舟却什么也没有发现。

　　1953年7月，琼·费尔南·纳瓦拉他带了11岁的小儿子第三次登上亚拉腊山峰顶，他们从冰川中带回了一块木板。对这块木板的科学研究结果证明，这是一块经特殊处理过的木板。经碳–14测定它至少有4484年的历史，正是所传方舟建造的年代。人们惊呆了，又有照片，又有实物，费尔南坚信自己发现的就是挪亚方舟。

　　但有人提出质疑：即使发生特大洪水，地球水位也不会升到5000米的高度，方舟何以能在亚拉腊山巅？

　　有专家认为：从科学观点来看，历史上有人见过挪亚方舟的说法是没有说服力的。如果方舟在5000年前搁置在亚拉腊山的山顶附近，那它很可能早就被冰川运动转移到较低的高地。方舟至少在某种程度上已支离破碎，木头撒遍了亚拉腊山的较低山坡。就我们所知，从来也没人找到过这样大宗的木头，更不用说方舟的残骸了。

### 大船确实存在吗？

　　由《圣经》的记载推算，大船应该是一只排水量43000吨的巨大木箱，最后停靠在亚拉腊山上。亚拉腊山位于今土耳其东部，海拔5000多米，这里真是大船最后的归宿吗？

　　2003年，卫星拍到亚拉腊山有一片不规则区域，这里纹理相对平整，好像和周围的岩石质地不同。科学家通过分析，计算出不规则区域的长度是309米。更令人兴奋的是，记载中的挪亚方舟长宽比为6比1，而卫星拍摄的照片显示，不规则区域的长宽比也是6比1。

　　2008年开始，先后有中国和土耳其的方舟探索队来此一探究竟，近两年的探索后，他们终于在亚拉腊山海拔4000多米的冰川下找到一处人工遗迹，经证实，确为挪亚方舟遗骸。

　　遗骸为巨型木结构，木样本经分析，证实有4800年历史。亚拉腊山的雪线以上没有树木生长，由于气候严酷，3000米以上也从没有人类建屋聚居的遗迹，加上当地世代以泥砖建屋，木材是罕有建材。如此推测，这处遗骸应该就是传说中的挪亚方舟。

　　木结构如今已经破损，队员从不同的破口进入，迄今为止发现7个空间，空间高度超过5米，内里的墙身也全是木质，但并非盒子形，墙身有点弧形和倾斜。

　　亚拉腊山的永久雪线位于海拔3900米，而方舟遗骸在4000米以上，有利于木材的保存。而木材可以负载本身重量的5倍，因此木结构承受了巨大的重量而没有粉碎。这些因素让方舟得以保存至今，最终现身于世。如此说来，其他关于方舟遗迹、遗址的传言自然不攻自破，探索正版方舟的脚步仍然还在继续。

| # 太阳神巨像
# 失踪之谜

## 罗德岛名称的由来

罗德岛是爱琴地区文明的起源地之一，有相当古老的关于忒尔喀涅斯的神话。品达的诗中称罗得岛是太阳神赫利俄斯和女神罗得结合的产物。

爱琴海上的罗得岛，西距希腊大陆45000米，北距土耳其大陆19000米，属希腊，面积1400平方千米，人口70000多人。

在希腊化时期，这个岛屿的鼎盛时期，人们竖立起一个巨大的太阳神雕塑，成为古代世界七大奇迹之一。在十字军东侵期间，医院骑士团占领了该岛，并改名为"罗得岛骑士团"，成为岛屿历史上重要的存在，他们在岛上留下了许多中世纪的建筑。

罗德岛的地形图以它的文学气质和独特的历史内涵无愧为爱琴诸岛

中的一颗明珠。罗得岛的名称来自于古希腊语中的玫瑰，当时指的是今天的朱槿。罗得岛的岛徽是一只跳跃的鹿。

## 太阳神巨像是如何铸造的

在神话传说中，远古时代，希腊诸神争夺神位的战争结束以后，宙斯成为最高之神。宙斯便给诸神分封了领地，唯独忘了出巡天宫的太阳神阿波罗。直至阿波罗归来，宙斯把隐没于爱琴海深处的一块巨石，封给了阿波罗。

巨石欣然升出海面，欢迎太阳神来居住。阿波罗对这块领地很满意，用他的妻子爱神阿芙罗狄蒂之女罗得斯的名字将巨石命名为罗得岛。他的3个儿子卡米诺斯、莫诺利索斯、林佐斯也分封在岛上，各自建立自己的城邦国。岛上繁荣富足，文明兴起。这种繁荣招引雅典、斯巴达、马其顿、波斯、罗马等大国相继入侵，城池屡次遭到破坏。

这座太阳神巨像的铸造过程，大约发生在公元前500年。波斯人入侵罗得岛，全岛居民撤守岛东端海岬上的林佐斯城堡，最终打退敌人的进攻，将敌人驱逐出岛。胜利之后人们将敌人遗弃的武器收集到一起统统熔化，由雕刻大师哈利塔斯铸成阿波罗铜像，立于港口，雄镇海疆。

在古希腊，建造10米左右高的雕像并不罕见，但建造如此巨大的神像却是

上图：失踪了的罗德岛太阳神巨像图样。

下图：现存于希腊罗德岛上的古城。

曾经树立太
阳神巨像的
罗德码头

空前绝后的。怪不得巨像建成之初，便被同时代的罗马哲学家安蒂培特誉为"世界七大奇迹之一"。

如此巨大的雕像是如何铸成的？在缺乏起重设备的远古时代又如何把它竖立起来的？这些都是令人难以想象的事，也是太阳神巨像让人迷惑惊奇的原因之一。

巨神像体积巨大，无法像建造一般雕像那样，先制出模型，然后分成几部分铸造，最后再进行整合和竖立。据文献记载，巨人像是分步建造起来的。首先，在建好白色的大理石基座后，把已铸好的脚至踝关节这一部分安装固定好。由于神像体积高大，所以神像的脚设计得比较大，使它能承受上部神像的压力。

完成这一步后，雕像家指挥工匠在已完成部分的周围堆起巨大的土堆，然后站在上面接着做下一部分工作，这样一步一步向上发展。在每一步进行之前，雕塑家都先用一种铁制的框架和一些方形的石块从内部加固雕像，以保证雕像的稳定。就这样，在耗费大量人力、物力、财力后，哈列塔斯创造了一个与真神相似的神像，给了世界第二个"太阳"。

## 太阳神巨像不知去向

这座巨像的建造花了12年的时间，于公元前282年完工。巨像在港口矗立了许多年，直至公元前226年一次强烈的地震突袭了罗得斯岛。城市遭到严重的破坏，巨像也从它的膝盖处断裂开了。

岛上其他3个城邦被地震摧毁后，未再重建城市，只在遗址附近建了若干小村落，因此保存了一些墙基、石柱。只有阿波罗居住的罗得城几度重建扩建，已见不到当年毁城的痕迹，只有从该市历史博物馆众多出土文物中，可以窥见昔日的繁华。

其中最为丰富的是大理石雕像，2世纪雕刻的阿波罗头像、1世纪雕刻的爱神阿芙罗狄蒂的裸体全身像都保存在这里。只是那座被誉为"世界七大奇迹"的阿波罗铜像却不知去向了。

古罗马著名的自然学家普林尼在《自然史》一书中赞叹道："即使躺在地上，它也仍是个奇迹。"

埃及法老托勒密三世向罗得斯岛人伸出了援助的双手，准备提供一笔巨额款项帮助罗得斯岛人修复太阳神巨像，但罗德人谢绝了托勒密三世的好意。神像巨大的身躯横在地上，任凭风吹雨打。653年，阿拉伯人入侵罗得斯岛，发现了躺在地上的巨像残骸，他们费了九牛二虎之力把残骸运送到叙利亚，卖给了一位商人。据说那个商人用了880头骆驼才把残骸运完，之后巨像就不知去向。

有人说铜像无法重新竖起，于7世纪被分解熔化制作成其他器械；又有人说，巨像倒塌不久后就被人盗走，但贼船在海上遇风暴沉没，铜像埋在深深的海底。铜像究竟去了哪里？恐怕是无从知晓的了。

## 太阳神巨像外观之谜

尽管我们不知道巨像的真实形状和外观，但现代重建的雕塑笔直地矗立着，比那些古代绘画更精确地再现了雕塑的原貌。尽管巨像已经不在，但这个古代世界奇观却激发了现代艺术家们的灵感，譬如以建造著名的"自由女神像"而闻名于世的法国雕塑家奥古斯都·巴托尔迪。

罗德岛太阳神巨像从建立至毁坏只有短暂的56年时间。然而这座巨像却在著名的世界七大奇观的名单里赢得了一席之位。罗得斯岛的太阳神巨像不仅仅是一座巨大的雕像，更是居住在美丽的地中海岛屿——罗得斯岛上的人民团结的象征。

早在11世纪，人们就对传说中的罗得斯岛神像外形做出这样的推测：

巨像右手举着投枪，左手按着长剑，柱脚是很高的圆柱，四周环绕着起伏的海浪。但有人提出异议，说太阳神阿波罗像应该是头戴太阳光环，驾驭着马车，马车上载着一轮鲜艳的红日，并且传说中巨像的胯下能进出轮船。由于谁也拿不出确凿的证据驳倒对方，争论不了了之。

长久以来，有关巨神像的模样众说纷纭，一般人都相信它是两脚分开、手持火把，站立于罗德岛港口的入口处，船只由其胯下经过，非常壮观而有趣。然而，研究显示，以港口的阔度和巨像的高度来计算，这种结构非常不合常理。因为巨像跨越港口入口必须要250米高才能办到，不论以金属或石块来建造，跨立的巨像绝对无法承受巨大张力和冬季强风，并且倾倒后巨像的遗迹也会阻碍着港口，所以估计真实的巨像应该立于港口东面或更内陆的地方。至于姿势根本不知道，到底站立？坐下？或是驾着马车？至今仍无人知晓。

罗德岛太阳神巨像是世界七大奇观中最为神秘的，因为它只有56年的生命便因地震而倒下，至今考古学家仍无法确定它的位置及外观。

史前文明解读 ▎

| 失落的
利莫里亚文明

## 利莫里亚是传说还是事实

　　传说中失落的利莫里亚文明是一个几乎与亚特兰蒂斯相齐名，与之共存并出现更早的远古文明。据考证利莫里亚存在于南太平洋，在北美洲与亚洲、澳洲之间。

　　在文明的顶峰时期，利莫里亚人精神文明高度发展。也许具体的大陆遗迹很难寻找，但许多人明白他们和这块大陆有着深刻的渊源。

　　传说利莫里亚人能冶炼高纯度金属，能不受距离和障碍物限制进行通信联系，他们掌握的遄信手段甚至比无线电通信还要先进。因而人们把这

个神秘国家当作人类的起源地。然而利莫里亚这个国家是否真实存在呢？

19世纪中期，有些生物学家根据马达加斯加和印度尼西亚的狐猴种群分布情况，认为在这两者之间存在过一个大陆，并且把这个大陆命名为利莫里亚，认为它就是80万年前沉入印度洋底的那个神秘国家。

许多专家学者为这个学说感到欢欣鼓舞，因为他们原本就相信利莫里亚真的存在。然而有些人认为仅靠狐猴种群分布就断定利莫里亚的存在未免太轻率了，按历史发展常识，很难想象几十万年前会出现具有如此高度文明的国家。

## 寻找利莫里亚存在的证据

科学家列举印度洋群岛大量古代遗迹和民间传说，力证利莫里亚大陆的确存在过。比如柏那贝岛上有一处巨大的遗迹，叫作南玛多尔，它是由98座人工岛及其他建筑物组成。

科学家认为南玛多尔遗迹所表现出的文明和利莫里亚很相近，因为组

成南玛多尔的每个小岛均有用玄武岩建造的城壁、正宫、神殿和住宅，岛与岛之间还有运河相连，显示出过去的南玛多尔应是像现在威尼斯一样的水上城市，并且可以想象出当时的南玛多尔很繁荣。

　　更令人信服的证据还有土亚摩土群岛上与玛雅金字塔极为相似的祭坛、塔普岛上奇妙的石门、迪安尼岛上的石柱、雅布岛上巨大的石币和努克喜巴岛石像等，所有这些都代表着一种古老的文明，而且这些小岛都有着明显的相似点，都有关于大陆沉落的传说。既然与利莫里亚相距不远的小岛都出现了高度发展的文明迹象，因而一大部分科学家执着地相信，利莫里亚确实存在，并且同样有着相当高的文明。

## 若利莫里亚哪里去了

　　若利莫里亚确实存在，那它为什么会在距今80万年前突然消失了呢?

　　科学家认为，它可能是被同时袭来的几次大灾难毁灭的。当时降临的灾难可能是覆盖地球大片陆地的冰雪融化了，形成了特大洪水，使得大洪水把陆地冲走了。与此同时，大洪水又带来了大地震。恰巧这时候，又有一颗小行星不偏不倚地撞到利莫里亚上。这一连串致命的打击加在一起就把利莫里亚彻底毁灭了。

　　1926年，詹姆斯·邱奇尔德——一个住在印度的英国人在《神奇的穆符号》一书中描述了利莫里亚沉没的情况，尽管文中描述多半可能是出于作者的想象，但仍然引起了后辈专家学者的浓厚兴趣。书中如此描述：

　　整个陆块就像海洋里的波浪一般震动翻滚着。继而，像打了个晴天霹雳一样，整个陆块就沉下去了。下沉，下沉，下沉，它沉到了地狱——熔岩中。幸存者来到了没有沉没的岛屿上，没有食物，没有衣服，他们需要为生存而斗争。但是，没有大陆的支持，小岛也很快就消失了。

　　利莫里亚就这样消失了，沉没到了印度洋底。如果是这样，探险家就可以在印度洋底发现利莫里亚曾存在的蛛丝马迹，然而到目前为止，令人信服的发现屈指可数。是探险家没有发现呢，还是沉没之际，利莫里亚人及时躲了起来？如果是躲起来，又会躲在哪里呢？

　　20世纪以来，有一些科学家认为，利莫里亚所在地尽管沉没到印度洋底，但利莫里亚人并没有毁灭，而是存活下来了，目前正居住在沙斯塔山上，而且是山里面的地下隧道。

　　此种说法令人匪夷所思，难道利莫里亚人是遁地一族，可以生活在地底下。而沙斯塔山是一座死火山，位于美国加利福尼亚州北部，海拔4316米，呈圆锥形，山顶部终年积雪，有冰川。这究竟又是怎么回事呢？

沉没于水底的城市遗迹

| # 复活节岛
# 文明之谜

## 史前世界名片

名称：复活节岛文明
类别：巨石文明
时间：1500年前
地点：太平洋
兴盛期：400年

## 巨石文明

复活节岛文明是一种史前文明，简易论对史前文明的划分根据石器的特点，将巨石文明全部列入史前文明当中。

复活节岛文明是一种巨石文明。复活节岛位于东南太平洋海上，是世界上最与世隔绝的岛屿之一，西距波利尼西亚地区皮特肯岛1900千米，东距智利西岸3540千米，面积近百平方千米。

## 复活岛上的奇迹

岛上居民属于波利尼西亚人，岛上耸立着许多石雕人像，岛上约有1000座以上的巨大石雕像及大石城遗迹，它们背靠大海，面对陆地。复活节岛上还有大石台遗迹，朝陆地方向有露天庭院，建筑巧妙。每个石像形态不同，大小也不一样。塔海、维纳普和阿纳克纳的大石台，碳定年法测定约在700~800年，阿纳克纳石台的墙在1987年挖掘出以前，一直埋在地

下。有一个雕像裸露着肋骨，具备南美洲蒂瓦纳库的各种特点。碳-14测定在1050~1680年，大石台内建造了墓室。大石像约10米高，由重约82000千克的一块石头雕成，最高的一尊有22米，重30多万千克。在岛上，人们发现了许多丢弃的用钝了的石器工具，岛上的波利尼西亚人并不了解这些石像的来历，他们的祖先也没有告诉子孙后代这些石像是谁雕刻的。传统考古学认为，居民是在大约400年前漂流至复活节岛的一批波利尼西亚人的后代。

## 岛上人的生活

鱼类是波利尼西亚人的主要食物，鱼骨头一般会占垃圾的90%以上。900~1300年，鱼骨头在垃圾中的含量少于1/4，1/3是海豚骨头。在古代垃圾中还发现了至少6种陆地鸟类的骨头。此外，垃圾中还有一些海豹骨头。复活节岛上没有大型的动物，连家养的猪和狗也没有。

## 令人不寒而栗的谜底

巨大石像就像谜一样吸引着越来越多的人前往一探究竟。原来，在10世纪左右，一批波利尼西亚移民乘着木筏来到复活节岛定居。此后，小岛上的人口逐渐增多，最多时达到上万人。这些人分成12个氏族，把小岛划分为12块，这些氏族都有自己的酋长，各自有不同的阶层。起初，这些氏

复活节岛上
的巨大石像

族还能和平相处，直至有一天，酋长们决定以令人敬畏的石刻雕像来荣耀自己，小岛开始走向毁灭。

其实，复活节岛上原来是有树木的。科学家通过孢粉测试证明，复活节岛上曾有过高20多米、直径一米的智利酒松。即使人类定居岛上后的很长一个时期，小岛也还是被高大树木和灌木覆盖着。

然而，为了建造大石像，岛上的森林遭受到灭顶之灾。因为要用巨大的木材作为辅助，巨石才能被搬动。酋长们竞逐谁的石像更巨大更壮观，就要砍伐树木当搬运、吊装的工具，同时还要伐林造田以养活大量劳动力。于是，几百年间，岛上的石像一代比一代高大，砍伐树木的速度也越来越快。终于，高大的智利酒松在1440年左右绝迹了，而到了1640年前后，岛上已经见不到树林了。

没有了巨木，人们也就无法造船，也就无法渔猎。但是人总要吃东西，于是只好把同胞作为食物来源，最惨烈的事情发生了。至今，岛民的口口相传的传说中仍充斥着人吃人的故事。

考古的发现也证明了传说的真实性：在复活节岛后期废弃物堆遗址中，人类骨骸随处可见，而有些骨头被敲碎了，这是为了便于吸取骨髓。在世界各个已经灭绝的古代文明中，复活节岛文明的灭绝或许是最惨烈和最触目惊心的。

# 子虚乌有
# 的古希腊文明

## 古希腊文明时期

　　古希腊文明，主要是指在公元前8世纪至公元前323年间，被称为希腊人的人们创造的文明。此前的几个世纪，称为荷马时期，又称"英雄时期"；此后数百年，甚至整个古罗马，据说是希腊文明传遍世界、影响世界的时期，故称之为希腊化时期。专家们说到古希腊文明，往往包含希腊化时期。

　　希腊人主要生活在爱琴海两岸的诸半岛或者岛屿上，分成大大小小若干个独立的城邦，从来不是一个统一的国家。他们没有国家概念，更谈不

## 史前世界名片

名称：古希腊文明
类别：史前文明
时间：公元前8世纪～前4世纪
地点：爱琴海两岸
兴盛期：400年

上国家意识。

这些城邦是一个村庄或几个村庄的联合体，人口一般万八千的。大家或农耕或渔猎或商贸，多以农业为主。为了利益，相互间的战争从来没有间断过。

### 发现浮雕大理石

1954年8月，苏联阿布哈兹自治共和国首都苏呼米疗养院的一位工作人员，在黑海岸边的浅水口中发现了一块浅灰色带斑点的大理石，长约1.5米、宽0.5米左右，其中一个角已被折断。

这不是一块普通的大理石，而是一块雕刻精美的浮雕。上面的图案是一个年轻妇女端坐在安乐椅中，身边躬身站着一个小男孩和一个手拿小匣的女仆。画面雕刻手法细腻，构图严谨。人物面部沉思的表情带给观看者一种寂静、忧郁的感觉。

科学家发现，这块浮雕与俄罗斯的施洗者圣约翰大教堂里面珍藏的

许多珍贵的希腊墓碑有很多共同特征，无论人物造型、画面结构及笔法等都惊人地相似。科学工作者从而推断这是一块公元前5世纪古希腊人的墓碑。科学家不禁要问：难道在黑海沿岸的苏呼米也有古希腊城池的遗址？

## 发现古罗马城市

经过一番努力，1956年奇迹终于发生了，学者们发现了一座大部陷于海底的1世纪的古罗马城市。

考古工作者潜入苏呼米湾海底，在那里，一座巨大的雄伟的城市废墟展现在人们面前，海岸与正方形的城市广场是由一条用鹅卵石和石灰砖石铺砌的街道相连接。广场四周还有高大的城墙遗址。

在海底还发现了许多黑漆陶器碎片，数不清的葡萄核，一个大石臼，一个手摇磨的磨盘。而在下一层中则发现有古代双耳瓶、瓦罐、古希腊的尖底大缸及茶炊等碎片，这些物品上均有"狄奥斯库里亚"的标记。这就是人们寻找多年的罗马和拜占庭的狄奥斯库里亚和谢巴斯托波利斯最灿烂的古希腊文明的重要组成部分。

## 海底两座灿烂古城是哪里

远在公元前600年左右，一个名叫狄奥斯库里亚的城市由希腊人在黑海东岸建立起来，在当时，这里是希腊人一个巨大的商业中心，极为昌盛。后来在大自然的浩劫中变为一片废墟。

大约公元前6世纪，罗马人又在这里重新建了谢巴斯托波利斯城，以其雄伟的城墙，各种先进的防御设施，堪称黑海边的第一大城。可是令众人感到遗憾的是，从此以后这座城市的历史中断了，史书上再也没有提到过这个城市，直至2000多年后，人们才在海底重新发现这两座灿烂的文明古城。

随着研究一步步地深入，研究者描绘出了黑海沿岸古城毁灭时的情景。古代一批勇敢的航海家历尽千难万险乘船横越黑海在美丽的海岸定居下来，成为这里最早的移民。他们在这里建造房屋、仓库，还修建了城堡、城墙和高塔，使这里发展成一定规模的城市，发展了自己的文明，并且成为生活在该地区北部及近处各民族的共同贸易中心。可是他们在建造城市时忽略了脚下土地的稳定性，海水逐渐逼过来，不断冲蚀着土壤，而他们拯救自己的措施也是在把自己推向大海。城市居民为了阻挡海水的侵蚀，于是建了护岸墙和其他的一些保护性建筑。

于是水分便渗入地下，下垫层遭到浸湿，土地变得越来越沉重了。膨

古希腊雅典卫城遗址全貌

胀了的土块的重量大大超过暂时维持它们平衡的摩擦力，整个城市的土层开始滑动起来。城市的街区渐渐滑向海内，街道向下塌陷，海水渗入了住宅。陡峭的海岸塌向了海内，住宅、宫殿的石砌山墙倒塌了，城市一步步滑向大海的中心，从此沉睡了两千年。

由于被海岸冲积土层层覆盖着，在沙砾之下还有许多古人创造的灿烂文明还没能重现昔日辉煌。

## 古希腊沉船之谜

在希腊政府的协助下，一批专业潜水员在希腊附近的海底打捞起了一艘沉没的古船。为了保存船上物品的完整，他们的打捞工作一直持续了9个月。这些物品被雅典国家考古博物馆精心收藏。考古学家鉴定它们均出自古希腊时期。可就在这批古物里，人们发现了一个鹤立鸡群的东西，那是一个差动齿轮机械装置。让人疑惑的是，它所显示的机械工艺之精良，绝对可以跟现代技艺相媲美。古人制作它做什么用？又是谁制造了它？

开始很多人都难以相信这是古希腊时代的机械装置，他们普遍认为那

个时候还不具备这么高的机械制造水平，但还是有一部分人在执着地推测着它在古希腊时代的用途所在。

有人说它是航海时指示方位的仪器，也有人认为它是阿基米德制作出来的一个小型天象仪，它的目的是用来计算日月星辰的运行。人们的惊叹之声并未就此停止，古希腊时代的机械水平真有如此高超精致吗？毕竟我们还没能发现其他同时代的机械装置出土，要想承认这个装置是现代机械技艺的鼻祖，看来还需要等待一些时日。

# 古希腊
# 的克里特文明

## 考古学家的发现

克里特文明，也译作米诺斯文明或迈诺安文明，是爱琴海地区的古代文明，出现于古希腊，迈锡尼文明之前的青铜时代，约公元前3000~前1450年。该文明的发展主要集中在克里特岛。

20世纪初，英国考古学家伊文思等来到克里特岛上进行考古发掘，经过多年的努力，他们在岛上发掘出好几座古城的遗址，另外还有大量的文物，证明克里特王国的存在。

在古都克诺索斯的遗址中，考古学家发现了一座王宫的废墟。它占地约20000平方米，依坡而建，共有3层，还有地下室。宫中大小房屋共几百

**史前世界名片**

名称：克里特文明

类别：史前文明

时间：约公元前3000年~
前1450年

地点：爱琴海地区

兴盛期：公元前1700年~
前1450年

间，均由迂回曲折的廊道连接。王宫结构之复杂实为罕见。学者们认为，这就是传说中米诺斯双斧迷宫，因为在废墟中发现了双斧标志。

考古学家在王宫的墙壁上发现种种题材的壁画，上面绘出的都是些国王和贵族妇女及仆役的形象。这些壁画历经数千载之久，色泽仍然鲜丽如初。在王宫一个仓库里发现了许多一人高的大陶缸，里面装着粮食、橄榄油和酒。在另一些仓库里放着战车和兵器。一间外面包着铅皮的小室贮藏着国王的巨大财富，其中包括无数的宝石、黄金饰物和印章。

在出土的文物中，最有历史价值的是那些数万张刻有文字的泥版，在这些泥版上，古克里特人线形文字记述了国王的档案和重要事件。一块文字泥版上赫然写着："雅典贡来妇女7人，童子及幼女各一名"。这不禁使人想起关于米诺斯王强迫雅典进贡童男童女的故事。

希腊克里特
岛伊拉皮塔
古城遗址

### 克里特文明的起源

　　克里特文明开始很早，公元前3000年，那里已进入铜器时代，出现象形文字，并有相当规模的建筑物。约前17世纪~前16世纪被毁。公元前2000年代中叶，克里特达到青铜时代全盛期，在诺萨斯及法埃斯托斯出现相当宏伟的宫殿式建筑和各种精制的工艺品及线形文字"A"。表明当时已经是阶级社会，其居民据认为多半来自西亚。约前1400年可能毁于火山爆发。

　　青铜时代中、晚期文化，又称米诺斯文明，源于古代希腊神话中之克里特王米诺斯的名字。地中海东部的克里特岛是古代爱琴文明的发源地，欧洲最早的古代文明中心。

### 克里特文明的发展

　　克诺索斯位于克里特岛北部，这里最早的宫殿于公元前1900年左右兴建于新石器时代的居民点内。这个时期，政治、经济和社会组织得以

发展，与东地中海沿岸的贸易频繁，与埃及、腓尼基、小亚细亚、西西里、意大利等地有广泛的联系。

接着在法伊斯托斯、马利阿、扎克罗斯等地也都出现了宫殿。克诺索斯的后宫殿来毁于地震或战祸，后又重建，而且更加雄伟。这是一个由多座两层以上楼房组成的完美建筑群，有专供举行祭祀的场所。

公元前1500年左右，克诺索斯和法伊斯托斯等地的宫殿同时遭到破坏，有人认为是由于锡拉岛附近的火山爆发。公元前1450年左右，宫殿遭到人为破坏，可能是由于巴尔干半岛希腊人的入侵。从这时起希腊人成了克里特岛的主宰，并逐渐与当地原有居民融合，克里特文明亦随之结束。

## 克里特文明繁荣时期

公元前1700~前1450年是克里特文明的繁荣时期，克诺索斯的米诺斯王朝不仅统治克里特岛，还包括基克拉迪斯群岛。克里特首都克诺索

斯有80000人口，加上海港共在10万人以上。克诺索斯城的主体是庞大复杂的宫殿建筑群，由于拥有当时最强大的海军，克诺索斯城的宫殿几乎无外患之忧，只是因为没有坚固的围墙和城堡，所以在外观上不像埃及等地的宫殿看起来那样高大宏伟。

## 克里特文明的消失

3000多年前在地中海上曾经盛极一时的克里特文明最后突然神秘消失。究竟是什么原因造成这个古代文明的蒸发，这一切具体又是发生在什么时候，这已经成为困扰考

古学界多年的难解之谜。一段在地下埋藏数千年的橄榄枝有望成为解开这个谜团的钥匙，丹麦科学家在曾在《科学》杂志上发表论文说，毁灭整个克里特文明的可能是10000年来最大规模的火山喷发。

　　科学家说，大约3600多年前，锡拉岛上一座火山突然猛烈喷发，其喷出的烟柱上升到高空，火山灰甚至随风飘散到格陵兰岛、中国和北美洲。火山喷发还引发了大海啸，高达12米的巨浪席卷了距离锡拉岛100多千米的克里特岛，摧毁了沿海的港口和渔村。而且，火山灰长期飘浮在空中，造成一种类似核大战之后的"核冬天"效应，造成此后几年农作物连续歉收。克里特文明可能因此遭受了毁灭性打击，迅速走向衰亡。

　　科学家认为，克里特文明与古埃及新王朝有着密切的商业和文化交流，受到古埃及文明的影响。然而，最新确定的时间表却否定了这种看法，因为古埃及新王朝开始于公元前16世纪，而那时克里特文明已经不复存在。

Ai Qin Hai
De Mai Xi Ni
Wen Ming

# 爱琴海
# 的迈锡尼文明

## 文明的出现

　　爱琴文明是希腊及爱琴地区史前文明的总称。它曾被称为"迈锡尼文明"，这一文明的存在由于海因里希·施里曼对迈锡尼1876年的发掘而进入人们的视野。然而，后续的发现证明迈锡尼在爱琴文明的早期并不占中心的地位，因而后来更多地使用更为一般的地理名称来命名这个文明。

　　迈锡尼文明是希腊青铜时代晚期的文明，它由伯罗奔尼撒半岛的迈锡尼城而得名。

　　约公元前2000年左右，希腊人开始在巴尔干半岛的南端定居。从公元

前16世纪上半叶起逐渐形成一些奴隶占有制国家，出现了迈锡尼文明。

## 起源和持续

存在了至少3000多年的爱琴文明在多大程度上可以被认为是持续的？考古发掘提供了许多证据以回答这一问题。爱琴文明的根可以追溯到漫长的原始新石器时代，这一时期代表为克诺索斯将近6米厚的地层，它包含了石器及手工制作打磨的器皿的碎片，显示了从底层到顶端持续的技术发展。

这一米诺斯文明层可能比希沙立克的最底层年代更早。它的结束标志为对陶器上白色充填的锯齿状装饰的引进，还发现了以其单色颜料对其主题的复制品。在这一阶段结束后，紧接着的是

希腊迈锡尼古城遗址废墟

青铜时代的开端，以及米诺斯文明的第一阶段。

因此，对于分层的仔细观察可以辨认出另外8个阶段，每一个阶段都标志有陶器风格的重要进步。这些阶段占据了整个青铜时代，而后者的终结，标志为铁这一更为先进的材料的引入，也宣告了爱琴时代的落幕。

约前1000年铁在全爱琴范围内获得使用，这种材料或可能是一批北方的入侵者赖以成功的手段，他们在早期定居点的废墟上建立起了自己的统治。同时，对于新石器时代之后的9个克诺索斯时期，我们可以贯穿其中观察到

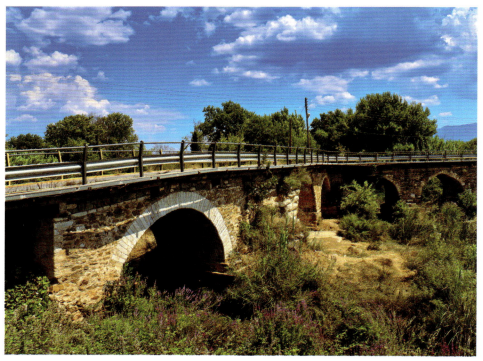

了一种非常鲜明的、有序而持久的陶瓷艺术的全方位的发展。

从一个阶段迈向另一个阶段，装饰的组织、形式及内容逐渐发展。因而直至这2000多年之久的演化末期，原初的影响仍然清晰可辨，这一涓涓细流没有丝毫被打乱的迹象。这个事实可以进一步说明整个文明一直在其基础和本质上沿承着自己的脉络。

虽然在其他艺术种类的遗存中这一论断的例证不够丰富，壁画艺术起码在晚期显示了同样有序的发展；而对于宗教，我们至少可以说没有突变的迹象，从统一的自然崇拜通过各个正常的阶段直至晚期发展出拟人神。没有迹象表明有传入的神祇或宗教理念。爱琴文明是土生的文明，深深植根于这片土壤，顽强地在整个新石器时代及青铜时代延续和成长在自己的土地上。然而有少量证据表现出一些变化，例如外来的小型部落的入侵，他们接受了文化上更占优势的被征服者的文明而融入了后者。克诺索斯王宫的多次重建可能提供了可信的证据。

在爱琴海北部地区迈锡尼、梯林斯及希沙立克的宫殿中所发现的"正殿"布置可能说明它们是晚期的作品，因为没有一个显示出类似克里特的那种独有的设计。

# 哈提人
# 的赫梯文明

### 赫梯文明的基本情况

　　赫梯文明发源于小亚细亚东部的高原山区，在哈利斯河，今名克泽尔河上游一带。这里的原始居民称为哈提人，他们既非闪米特人，也与古代其他民族没什么关系。约公元前2000年代，一支属于印欧人的涅西特人迁入此地，与当地的哈提人逐渐同化，形成了赫梯人，他们说的赫梯语的主要成分是涅西特语。

## 史前世界名片

名称：赫梯文明

类别：史前文明

时间：公元前2000年~
　　　前700年前

地点：小亚细亚

兴盛期：公元前15世纪~
　　　　前13世纪

## 赫梯国的兴衰

赫梯国大约形成于公元前19世纪中叶，初为小国，后以波加科斯为中心形成联盟，渐趋统一。公元前16世纪初，赫梯军队攻陷巴比伦城。公元前16世纪后半叶，赫梯国王铁列平进行了改革，他确立了王位继承法，即长子优先，无长子归次子，无子归女婿。改革使赫梯的王权得到巩固，国势日盛。

公元前15世纪末至公元前13世纪中期，是赫梯最强盛的时期。此间，赫梯人摧毁了由胡里特人建立的米坦尼王国，并趁埃及埃赫那吞改革之机，夺取埃及的领地，与埃及争霸，并于公元前1283年签订和约，与埃及的争霸使赫梯元气大伤。公元前13世纪末，"海上民族"席卷了东部地中海地区，赫梯被肢解。公元前8世纪，残存的赫梯王国被亚述所灭。在这片土地上，罗马人曾建立过殖民地；在罗马人之前，希腊与波斯军队曾在此地兵戎相向。

## 经济与社会生活

早期赫梯国家的生产力虽属青铜时代，但赫梯是西亚地区最早发明冶铁术和使用铁器的国家。赫梯的铁兵器曾使埃及等国家胆寒。亚述人的冶铁术就是从赫梯人那里学来的。赫梯王把铁视为专利，不许外传，以至贵如黄金，其价格竟是黄铜的60倍。赫梯以农业为主，工业除冶金之外，还有陶器制造、纺织等。商业贸易也算繁荣，与埃及、腓尼基、塞浦路斯、爱琴海诸岛等地都有往来。

## 赫梯的文化

赫梯人的文学主要是神话，包括根据古代苏美尔人的创世和洪水传说改编而成的作品，赫梯的宗教也照搬美索不达米亚的多神崇拜。宗教活动包括占卜、献祭、斋戒和祈祷，而不具备伦理意义。赫梯以楔形文字记述自己印欧语系的语言，创造了赫梯楔形文。赫梯还另有一套象形文字，用于铭刻和印章，这可能是受哈提人原始图画文字和埃及象形文字的影响。

赫梯人最突出的文化成就当属法律体系，以《赫梯法典》为代表的赫梯人法律，要比古巴比伦的法律更人道，判处死刑的罪过不多，更没有亚

述人法律中那些诸如剥皮、宫刑、钉木桩等酷刑。

　　赫梯人的艺术才能不十分出色。但他们的雕塑作品则新颖生动，尤其是石壁上的浮雕作品。城门和王宫门旁，一般都雕有巨大而生动的石狮。他们的建筑材料多用巨石，明显优于两河流域的土坯。赫梯文明的历史成就不仅仅在于发现和使用了铁，而且在于它充当了两河流域同西亚西部地区文化交流的中介。

　　赫梯是一个伟大的民族，赫梯文明是埃及文明、两河流域文明和爱琴地区诸文明之间的主要链环之一。目前史书记载的关于安纳托利亚的历史，几乎都与赫梯人有关。但是，直至19世纪后半叶，赫梯人的历史虽然在各地的考古发现中得到浮雕、象形文字、契形泥版文书和其他雕刻品的佐证，却仍然难以得到突破，始终不知道它的确切位置。

Shi Zong De
Ha Zha Er
Wen Ming

# 失踪的
哈扎尔文明

## 哈扎尔国简介

哈扎尔国位于伊季尔河畔，格尔甘河的尽头。河畔居住着众多的部族，有些人住在乡村，有些人住在有着坚固城墙的城市里。国王约瑟夫住在一个三角洲地区。

哈扎尔国有3座城市。其中一座是国王约瑟夫诞生的城市，皇后就住在那里。另一座城市里住着犹太人、基督徒和西班牙人，还有国王居住的椭圆形的城堡，这里还住着国王的大臣、仆人，以及大量的平民。哈扎尔降雨量并不充沛，但大地上河流纵横，到处都有泉水，土壤肥沃，物产丰饶，田地、葡萄园、花园随处可见。

以上是迄今为止人们发现的哈扎尔人讲述自己国家历史的唯一资料。

## 史前世界名片

名称：哈扎尔文明
类别：史前文明
时间：公元前2世纪~10世纪
地点：伏尔加三角洲
兴盛期：公元7世纪~8世纪

而这份资料来自哈扎尔国王约瑟夫写给一位名叫哈桑·沙福鲁特的阿拉伯大臣的信。

## 揭秘真相

历史学家们一直怀疑这封信的真实性，直至20世纪人们在开罗发现了收信人哈桑·沙福鲁特写的一封信，这种怀疑才被打消。在信中，哈桑请求拜占庭皇帝给他一艘船，让他前往哈扎尔。当时，拜占庭正与哈扎尔交战。有人从拜占庭首都康士坦丁堡给这位大臣回信说，从康士坦丁堡到哈扎尔王国约有15天的路程，从陆路须经许多国家，并告诉他哈扎尔国王姓约瑟夫。

哈桑接到回信后，很可能给约瑟夫国王去了封信，询问哈扎尔的位置，于是约瑟夫就给哈桑回了封介绍王国方位和情况的短信。而这也便成了研究哈扎尔国

唯一确切的可供查考的资料。

此外，俄罗斯、亚美尼亚等民族的文献资料表明，哈扎尔国曾一度是非常活跃的国家，建筑宏伟，城墙坚固，绿树成荫，气候宜人。哈扎尔军事力量强大，有一支庞大的军队，曾入侵亚美尼亚人的领土。格鲁吉亚人说哈扎尔国王未能娶到格鲁吉亚大公的女儿为妻，便用武力摧毁了第比利斯城。

阿拉伯人的编年史说从多瑙河到北乌拉尔的各民族都向哈扎尔进贡，并称它是拜占庭与我国贸易的中转站。俄罗斯人长期和哈扎尔人作战，965年，经过激烈战斗，占领了哈扎尔人的首都伊季尔。随后又从伏尔加三角洲沿里海挥戈南下，直捣哈扎尔王国的谢缅德尔城。

## 哈扎尔帝国的消失

哈扎尔没有留下语言文字，也没有留下遗址，那么它究竟是一个怎样的国家呢？它又是怎样消失的呢？

一些学者推测，哈扎尔国是被里海吞没的。7世纪时，哈扎尔国拥有大片肥沃土地，哈扎尔人控制着伏尔加河航道，成为伏尔加三角洲的主人。但从这时起，里海开始冲击海岸。年复一年，它无情地吞没了哈扎尔人的乡村、田地，至10世纪中叶，哈扎尔的城堡终于被里海吞没。许多资料都为哈扎尔的被吞没提供了佐证。

　　然而这里面仍有许多疑点。哈扎尔是被里海逐渐吞噬的，也就是说，其居民可有充分的迁徙机会，那么，他们迁到了何处？其后代又在哪里？

　　另外，哈扎尔是一个幅员辽阔的国家，陆地上总该还有遗址或废墟，但迄今为止人们却未发现任何一点这方面的线索。

　　拜占庭编年史曾指出，哈扎尔国的萨凯尔位于顿河边上，处于通往伊季尔的大道上，后来被基辅大公斯维亚托斯拉夫摧毁。后来，一位苏联考古学教授阿尔塔莫夫经过反复探索，终于找到了凯萨尔的位置，并进行了发掘。但是，他却没有发现任何哈扎尔人的文物。哈扎尔的历史就像飘逝的云，令人捉摸不定。

## 神秘的
## 苏美尔文明

Shen Mi De
Su Mei Er
Wen Ming

### 苏美尔文明的历史起源

1922~1934年，英国考古学家伍莱率领庞大的队伍对美索不达米亚南部苏美尔文明的核心聚落乌尔进行了大规模发掘，揭示了这个遗址从7000年以前的一个小村庄到逐步成为世界上最繁华的文明都市在基督降生前后被最终废弃的一幅全景画。苏美尔人从何处来到美索不达米亚平原？

一个可能性是从伊朗高原的崇山峻岭中来，因为出土的苏美尔人最早的建筑物是按照木结构原理建造的，而木结构建筑通常只是在树木茂密的

## 史前世界名片

名称：苏美尔文明

类别：史前文明

时间：公元前4000年～
　　　前2000年

地点：美索不达米亚

兴盛期：公元前3200年～
　　　　前2000年

山区才被广泛采用，不过，这与苏美尔人的神话传说却发生了矛盾。

另一个相反的可能性，则是从波涛汹涌的大海上来到这大河入海的地方，可是，在苏美尔女王舒伯·亚德的陪葬品之中，却只有一金一银各长约0.6米和只能在幼发拉底河上航行的小船模型。

## 苏美尔文明的政治演进

美索不达米亚文明，也叫两河文明或两河流域文明，指在两河流域间的新月沃土底格里斯河和幼发拉底河之间的美索不达米亚平原发展起来的文明，是西亚最早的文明，而苏美尔人则是这一文明的伟大创建者，他们似乎既不是印欧人的一支，也不是闪米特人的一支，他们的原籍可能是东

方某地。

公元前3500年，苏美尔人在美索不达米亚南部开掘沟渠，依靠复杂的灌溉网成功地利用了底格里斯河和幼发拉底河湍急的河水，从而在美索不达米亚南部创建了第一个文明。

公元前3000年时，

苏美尔地区出现了乌鲁克等12个独立的城市国家。各城市国家为争雄称霸相互征战，大大削弱了苏美尔人的力量，最后迫使他们臣服于闪米特人。

闪米特人的著名领袖萨尔贡一世建立阿卡德帝国，苏美尔文明从城邦国家过渡到统一王国时期。但它的寿命短暂，历时280年。来自伊朗的新入侵者打败了萨尔贡一世的孙子，苏美尔人的城市国家又一个个地重新出现，直至乌尔城邦崛起，再一次统一各城邦，建立起一个纯粹的苏美尔人的帝国，史称乌尔第三王朝。这一帝国从公元前2113到前2006年，维持了将近一个多世纪。

## 苏美尔的城市文明

苏美尔文明实际是城市、城邦文明。在世界历史上最早建立城市的民族。早在公元前4300年~前3500年，苏美尔人就在两河流域内部平原上建立了不少城市。这些城市的建立，标志着两河流域南部地区氏族制度的解体和向文明时代的过渡。

公元前3500年~前3100年，两河流域由农村到城市的发展过程进一步加快了，公元前3100~前2800年，两河流域南部已经形成了几十个城邦，也就是具了有共同血缘和地域的城市国家。

## 苏美尔人的语言

苏美尔人发明了一种象形文字，后来这种文字发展为楔形文字。这是最古老的已知的人类文字。今天已经发掘出来的有10多万苏美尔文章，大多数刻在黏土板上。其中包括个人和企业信件、汇款、菜谱、百科全书式的列表、法律、赞美歌、祈祷、魔术咒语、包括数学、天文学和医学内容的科学文章。许多大建筑如大型雕塑上也刻有文字。许多文章的多个版本被保留下来了，因为它们经常被拷贝。抄写是当时人们传播文章的唯一方法。闪族语言的人成为美索不达米亚的统治者后，苏美尔语依然是宗教和法律的语言。

## 难懂的苏美尔文字

即使专家也很难懂苏美尔文字。尤其早期的苏美尔文字非常困难，因为它们经常不包含所有现代人所熟知或通用的语法结构。幼发拉底河和底格里斯河都发源于亚洲西部的亚美尼亚高原。

公元前4000年左右，这里就有了最早的居民，那就是苏美尔人。他们创造了灿烂的苏美尔文明，最能反映这种文明特征的是他们的文字即楔形文字。最初，这种文字是图画文字，渐渐地这种图画文字逐渐发展成苏美尔语的表意文字，把一个或几个符号组合起来，表示一个新的含义。如用"口"表示动作"说"；用代表"眼"和"水"的符号来表示"哭"等。随着文字的推广和普及，苏美尔人干脆用一个符号表示一个声音，如"箭"和"生命"在苏美尔语中是同一个音，因此就用同一个符号"箭"来表示。后来又加了一些限定性的部首符号，如人名前加一个"倒三角形"，表示是男人的名字。这样，这种文字体系就基本完备了。

苏美尔人用削成三角形尖头的芦苇秆或骨棒、木棒当笔，在潮湿的黏土制作的泥版上面写字，字形自然形成楔形，所以这种文字被后人称为楔形文字。

为了长久地保存泥版，需要把它晾干后再进行烧制。这种烧制的泥版

下图：苏美尔人泥版文书。

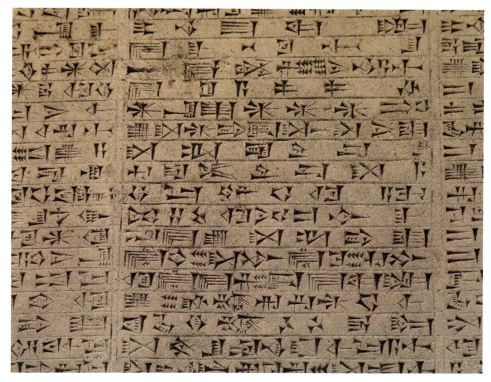

上图：苏美尔人楔形文字。

文书不怕被虫蛀，也不会腐烂，经得起火烧。但美中不足的是，泥版很笨重，每块重约1000克，每看一块都要费力地搬来搬去。到现在，发掘出来的泥版，共有几百万块，最大的有2.7米长、1.95米宽，可谓是巨书。

楔形文字是苏美尔文明的独创，最能反映出苏美尔文明的特征。楔形文字对西亚许多民族语言文字的形成和发展产生了重要影响。

西亚的巴比伦、亚述、赫梯、叙利等国都曾对楔形文字略加改造，来作为自己的书写工具。甚至腓尼基人创制出的字母也有楔形文字的因素。楔形文字是世界上最早的文字，可是，由于它极为复杂，至1世纪就完全消亡了。

## 苏美尔人的灭亡

历史长河流进入公元前第二个千年以后，在外来敌对势力无情的打击下，乌尔王国很快处于崩溃的边缘，内部的纷争也没完没了。众所周知，和平时期文官地位高，而战争时期则武将地位高。当第三王朝的末代国王

与苏美尔作战的亚述战士雕像

伊比辛在位时，苏美尔大将伊什比埃拉在易欣城发动叛乱，自立为王，并得到了许多其他城市的拥戴。不久，乌尔城便被闪米特军队攻破，乌尔第三王朝灭亡了。好在伊什比埃拉不光善于策划政变，也比较会打仗，他很快将闪米特人赶出了乌尔城，此后暂时恢复了乌尔王国的旧有疆域。可惜苏美尔人天生就互不服气、互不买账，等伊什比埃拉一死，各个城市又纷纷宣告脱离易欣王朝独立，其中最强大的要数拉尔萨城邦。

苏美尔人内部不团结的劣根性，给了亚述人进攻的天赐良机，他们于公元前1800年左右大举发动扩张战争，占领了包括尼尼微、马里在内的美索不达米亚北部和中部。与此同时，印欧语系的赫梯人在安纳托利亚高原

和叙利亚的势力越来越强，伊朗山区的几个民族也纷纷西进，好不容易复兴起来的苏美尔民族，眨眼间又处在了亡国灭种的险境。

在赫梯人对美索不达米亚地区统治800年以后，闪米特人的另一支亚述人决定首先打通本土朝向地中海的道路，于是和赫梯人在勒万特北部打了起来，后来巴比伦人又乘机在亚述的后院点火，结果大大延长了苏美尔民族的寿命。

可闪米特人在内战中改进了不少军事技术，比如战车车轮的结构变得更加轻便了，行动起来更加灵活，而苏美尔人在内战中却什么都没学会，这就敲响了他们最后的丧钟。

公元前1793年，闪米特一支的阿摩利人汉穆拉比大帝在巴比伦即位，美索不达米亚平原上新的统一战争开始了。公元前1763年，最后一位苏美尔民族的君主瑞穆辛的首都拉尔萨城被巴比伦军队攻陷，从此以后，苏美尔人便在历史上销声匿迹了。

# 废弃的
# 印度河文明

## 印度河文明是如何被引起注意的

　　印度河是世界上最长的河流之一。在18世纪之前，人们根本没有想到这条藏身于沙漠、人迹罕至的河流曾有过可以与古埃及相媲美的璀璨过去。而且与其他古代文明相比，完全是史无前例的。最早引起人们注意是18世纪哈拉巴遗址的发掘，在这里发现了大都市残址。

　　19世纪中叶，印度考古局长康宁翰第二次到哈巴拉时，发掘出一个奇

特的印章，但是他认为这不过是个外来的物品，只写了个简单的报告就了事。此后50年，再也无人注意这个遗址了。

然而，1922年一个偶然的机会使人们发现了以含哈拉巴在内的旁遮普一带为中心、东西达1600千米、南北1400千米的地域内，属于同一文明的大量遗址，即马亨佐·达摩遗迹。这里出土的物品与哈拉巴出土的相似，人们才想起了50年前哈拉巴出土的印章。这个发现震动了考古学界，因为涵盖范围如此之大的古文明在世界上可以说是独一无二的。这就是所谓的"印度河文明"。

### 为何广泛挖掘马亨佐·达摩遗址

印度河文明涵盖范围之广在世界上也是独一无二的，其中最著名的是两座古城遗址，即哈拉巴和马亨佐·达摩，印度语为死亡之谷。据最保守的估计，这两座古城距今最少有5000多年，但在印度的早期神话中并没有这两座古城的记载，所以更多的人认为，它们的历史也许比猜想的要久远得多。

这些遗址属于同一文明，但生活水平并不一样，这是什么原因呢？对哈拉巴出土的印度印章进行研究的结果令人失望，没有人能释读印章上的文字。文字是一个国家文明的水准，有文字的印章可能在政治、经济活动中担任重要角色。而且印章只在马亨佐·达摩和哈拉巴有出土，于是专家们推断，马亨佐达摩与哈拉巴都是都市，这就可以解释为什么处于同一文明的人生活水准不一样，当然这只是推测。

为了进一步证实马亨佐·达摩和哈拉巴的都市性质，考古学家对马亨佐·达摩进行了最广泛的发掘。

## 史前世界名片

名称：印度河文明
类别：史前文明
时间：公元前3300年～
　　　前1500年
地点：巴基斯坦境内
兴盛期：公元前2500～
　　　　前1700年

## 马亨佐·达摩遗址的神奇

　　马亨佐·达摩遗始建于5000年以前甚至更早的年代，面积约100平方千米，分西侧的城堡和东侧的广大市街区。西侧的城堡建筑在高达10米的地基上，城堡内有砖砌的大谷仓和被称为大浴池的净身用建筑等，其中最令人惊讶的是谷仓的庞大，这似乎显示了这个城市当时的富足。

　　不过装满大谷仓的谷物是怎样征集来的呢？市区有四通八达的街道，东西走向和南北走向的各宽10余米，市民的住房家家有井和庭院，房屋的建材是烧制过的砖块。如果不是亲眼所见，这是难以置信的，因为在其他古代文明中，砖块只用于王宫及神殿的建筑。

## 令人惊异排水系统

　　马亨佐·达摩古城室内管道设备直至20世纪才在现代社会出现，而城市规划也是最近数十年才得到应用，然而，这一切却都能在马亨佐·达摩古城遗址找到。

　　位于印度河流域的马亨佐·达摩建于4500年前，城市建设经过事先的规划、设计，布局严整，呈长方形棋盘格状。市区有四通八达的街道，东西走向和南北走向的各宽2.4~3米，居民住房家家有井和庭院，房屋的建材是烧制过的砖块，室内有管道设备。当然，最令考古学家惊异的还是遗址完整的排水系统。

马亨佐·达摩古城遗址由两部分构成：西侧的城堡和东侧的广大市街区，城堡建筑在高达3米的地基上，城堡内有砖砌的大型谷仓和被称为"大浴池"的净身用建筑。

"大浴池"是用质量上乘的砖砌成的，长12米、深2.4米，有多条排水道，无论按照什么标准，都是一个大型公共设施。这一古老文明是如何在曲线图出现前数千年创造这一复杂的城市，所有的一切又是出自何人的规划？这些目前还没有答案。

## 这些城市的统治者是什么人

考古学家按照惯例首先在马亨佐·达摩寻找王宫和神殿，结果一无所获。这又提出一个问题：是什么人，用什么样的方法统治这块辽阔的国土？而且马亨佐·达摩和哈拉巴有着完全相同的城市建设，难道它们都是首都？因为没有神殿，能不能用其他古文明中的例子——古印加、美索不达米亚、古埃及的国王同时兼任法老或祭司王来推测统治者呢？所有遗址中确实没有发现有祭司王统治的痕迹，难道5000多年前的印度河文明已经废弃了君主制？这么大的国土不可能没有统治者。

考古学家又仔细研究第一块和以后出土的印章，但经过一个世纪的努力印章上的字还是无法解读。那么，它是否是一种权力的象征，如果是，这两个城市为什么又没有神殿和宫殿呢？

印度哈扎拉人
的罗摩神庙

## 究竟是什么人创造了这个文明

因为有一小部分印章上刻有神像，于是有人推测这可能是宗教遗物。但也有人反驳说，这完全是家族或个人的保存品，不能说明整个国家具有宗教性质，况且出土的近30000枚印章有神像的只是很小一部分。

谜团越来越多。有人认为只要能够释读印章上的文字，就可以解释这个文明的来龙去脉，大多数考古学家则认为必须从多方面研究，以触类旁通。开始人们曾误以为印度河文明是受其他文明的影响发展起来的，但是进一步考古发现，无论是文字还是印章都是其他地方看不到的，而且出土人类骨鉴定也表明这里的人融合了许多人种的要素，不是现在已知的某个特定民族。

那些当时在今天已经无法居住的地方建设如此高度文明的城市的人，如果不是印度人的先人，那又是什么人呢？

### 印度河文明是怎样被废弃的

从马亨佐·达摩遗址出土的人骨，都是在十分奇异的状态下死亡的，换言之，死亡的人并非埋葬在墓中。考古学家发现这些人是猝死的，在通常的古文明遗址中，除非发生过地震和火山爆发，否则不会有猝死的人。

马亨佐·达摩没有发生过这两件事，人骨都是在居室内被发现的，有不少居室遗体成堆地倒着，令人惨不忍睹。最引人注目的是，遗体用的双手盖住脸呈现出保护自己的样子。如果不是火山爆发和地震，那是一种什么样的恐怖令这些人瞬间死去呢？这还是一个谜。

考古学家们提出了流行病、袭击和集体自杀等假说，但均被推翻了。无论是流行病还是集体自杀，都不能解释一瞬间死去。为了解开这个谜团，印度考古学家卡哈对出土的人骨进行了详细的化学分析。卡哈博士的报告说：我在9具白骨中发现均有高温加热的痕迹，不用说这当然不是火葬，也没有火灾的迹象。是什么异常的高温使马亨佐·达摩的居民猝死呢？人们想起了一些科学家推断的远古时代曾在世界不少地方发生的核战争。马亨佐·达摩遗址与古代假想中的核战争有无关系呢？

事实上，印亚大陆是史诗神话中经常传诵的古代核战争的战场。公元

前3000年的大叙事诗《马哈巴拉德》中记叙的战争景象如广岛原子弹爆炸后之惨景，提到的武器连现代化武器也无法比拟。更重要的是如此毛骨悚然的惨痛记忆留传至今，并非1945年广岛事件所能相提并论的。

另一首叙事诗《拉马亚那》描述了几十万大军瞬间完全被毁灭的景象。诗中有一点值得注意：大决战的场地是被称为兰卡的城市，而兰卡正是当地人对马亨佐·达摩的称呼。

据当地人说：1947年，在印巴分治后属巴基斯坦而被禁止发掘的马亨佐·达摩，有不少类似广岛核爆炸后遗留下来的玻璃建筑——托立尼提物质，即世界上第一颗原子弹在美国托立尼提沙漠中试爆，沙因高温凝固成的玻璃状物质。答案似乎出来了。但推断毕竟是推断，要人们信服马亨佐·达摩的遗弃与核战争有关还为时过早。有人认为，印度河文明与其他文明是同时崛起并存的。是不是可以说，印度河文明发展之初，受到过外来文明的影响，但在漫长的历史长河中孕育出独特的高度文明。

还有人提出，印度河文明是多种文化融合的结果，众说纷纭。印度河文明不仅是印度文化的源头，也是人类文明史的重要一环，人们最终定能揭开印度河文明之谜。

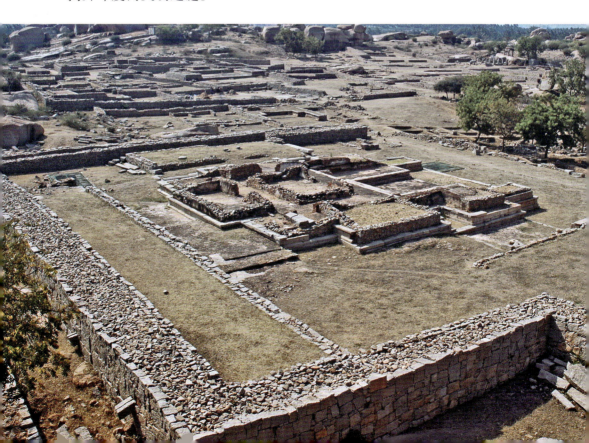